호서의 중심

충청감영
공주

일러두기

- 출처를 밝히지 않은 《조선왕조실록》과 《승정원일기》의 내용은 국사편찬위원회에서 제공하는
  온라인 국역 서비스 〈조선왕조실록〉과 〈승정원일기〉 등에서 인용하되,
  독자가 이해하기 쉽도록 윤문하였음을 밝힙니다.
  그 외의 경우는 출처를 본문에 밝히거나 참고자료를 바탕으로 새로 구성하였음을 밝힙니다.
- 본문에 사용된 사진자료는 모두 관계기관의 협조를 받아 사용하였습니다.
  저작권이 소멸된 사진자료도 자료 출처를 표기하였습니다.
  출처를 확인하지 못한 일부 사진자료는 계속 확인하여 추후 반영하도록 하겠습니다.

호서의 중심
충청감영 공주

공주에 새겨진 조선 역사 이야기

충청남도역사문화연구원 엮음

메디치

"사랑하면 알게 되고, 알면 보이나니, 그때 보이는 것은 전과 같지
않으리라."

전 문화재청장 유홍준이 《나의 문화유산 답사기》에서 인용하며
알려진 조선 정조 때의 문인 유한준의 글이다. 이 글을 인용하며 그는
다음과 같은 통찰을 전한다.

"인간은 아는 만큼 느낄 뿐이며, 느낀 만큼 보인다."

어떤 존재든 그 실체를 제대로 마주해야만 가치를 깨달을 수
있는 법이다. 우리 가까이 흔하게 늘 제자리에 있는 것들은 가까운
만큼 오히려 실체와 가치를 알아채기가 더 어렵다. 우리 곁의
한결같은 풍경의 가치를 새롭게 깨닫는 방법은 그 역사를 아는
것이다. 바꿔 말하면, 한 도시의 역사를 이해하는 것은 그 도시를
사랑하는 가장 좋은 방법 중 하나라 할 수 있다.
　　고마나루, 곰나루, 웅진 등으로 불린 공주는 한반도에서 가장
유서 깊은 도시 중 하나다. 초기 구석기 유적인 석장리를 비롯해

금강을 젖줄 삼아 살아온 고대인들의 역사가 여러 지역에 남아 있다. 선사시대를 지나 역사시대로 접어들어서도 청동기 문화를 받아들인 마한 사람들이 터전을 일구었고, 웅진백제시대엔 '갱위강국更爲强國'을 내건 백제 중흥의 왕도였다. 또 삼국이 통일된 이후인 통일신라 때부터 고려와 조선에 이르기까지 역대 왕조에서 호서 지역의 중심지로 삼아 발전해왔다. 특히 임진왜란을 치른 뒤 1603년경 공산성에 충청감영이 들어선 이후 1932년 대전으로 충청남도청을 옮기기 전까지 300여 년 동안 명실상부한 호서의 수부도시首府都市 역할을 해왔다.

공주는 일제강점기에 커다란 변화를 맞았다. 경부선 철도 노선이 공주가 아닌 대전을 지나고 이어 들어선 호남선 노선도 공주를 비켜 갔다. 도청까지 대전으로 이전하면서 공주는 차츰 과거의 영광과 번영을 잃었다. 대신 도청 이전에 대한 보상으로 여러 학교가 들어서면서 교육도시로 거듭나기도 했다. 근대 이후 공주가 맞닥뜨린 급격한 변화 속에서 오늘날에는 공주가 감영도시였다는 사실조차 사람들의 기억 속에서 희미해졌다.

하지만 기억해야 할 공주의 순간들이 있다. 고구려 장수왕의 공세에 밀려 남하한 백제가 '다시 강국이 되었다'는 '갱위강국'의 꿈을 이룬 부흥의 중심지가 공주였다. 거란이 침략했을 때 고려 왕실이 의탁하고 왕통을 잇는 데 역할을 한 곳도 공주였다. 임진왜란 당시 파죽지세로 북상하던 일본군의 발목을 잡은 승병이 처음 일어난 곳도 공주였고, 나뉘어진 조정을 이끌며 전쟁을 독려하던 세자 광해군이 머물던 곳도 공주였다. 원군으로 파병된 명나라 군사 역시 공주에 진영을 꾸렸다. 그뿐만 아니라 인조반정이 성공한 지 일 년이 채 안 되어 일어난 이괄의 난을 피해 인조가 머문 곳도 바로 공주였다. 이렇듯 역사적으로 큰 위기 때마다 공주는 그 위기를 기회로 바꾸는 부흥의 터전이었다.

한편 임진왜란 이후 조선 후기의 공주는 조선을 격동시킨 여러 역사적 사건의 현장이기도 했다. 전란의 혼란을 수습하고 백성들의 부담을 경감하기 위한 조선시대 조세개혁의 상징인 대동법 시행을 촉발한 고장이었고, 또 만민의 평등함을 주장하며 선교에 나섰던 천주교가 거센 탄압을 받았던 박해의 현장이었다. 서양과 일본을 물리쳐 나라와 백성을 살리자고 외치던 동학농민군이 최후의 결전을 벌인 격전지였으며, 국권 침탈에 항거하여 무기를 들고 일어난 의병의 고장이었다. 공주가 이러한 치열한 역사의 현장이 되었던 것은 호서의 중심이자 충청감영이 설치된, 명실상부한 지역의 대표도시였기 때문이다.

충청감영은 어떤 곳이었을까. 감영은 도 단위의 광역행정구역을 다스리는 거점 기관이었고, 감영의 총책임자가 '관찰사(감사)'였다. 오늘날의 도지사와 비슷하면서도 더 폭넓은 권한을 가진 관찰사는 백성들이 평안하게 살 수 있는 환경을 만들고, 국가 재정을 충당하기 위하여 농업을 진흥하고 조세를 관리하며, 지역의 인재를 기르고, 치안과 외적을 방어하는 군사 부문의 책임까지, 왕을 대신하여 충청도 일대를 다스리는 지역 최고 책임의 자리였다. 이러한 관찰사의 업무를 상시적으로 추진할 수 있는 기반 시설이 바로 감영이었다. 관찰사에 의한 지역 통치의 실상을 돌아보면 조선시대

사람들의 삶이 어떠하였을지 가늠해볼 수 있다.

이렇듯 조선시대 전국 8도에 각각 설치되었던 감영도시의 하나로 공주를 들여다보면, 공주의 역사가 그만큼 새롭게 보일 것이며, 공주의 실상과 가치를 제대로 헤아릴 수 있을 것이다. 그렇게 만나게 된 공주는 이미 전과 다른 공주일 것이다. 가령 공산성과 제민천변을 몇 차례 오가던 감영이 지금의 공주사대부고 자리로 위치하게 된 이야기를 접하면, 공주 구시가를 동서로 가르며 흐르는 제민천이 새롭게 보일 것이다. 공주시 보건소를 지날 때는 이 근처에 있었던 공주 향옥에서 처형된 천주교인들의 순교를 떠올릴 수도 있을 것이다. 봉황초등학교 담장 모퉁이의 '공주약령장터'라는 표지석도 그제야 눈에 들어올 것이며, 산책 삼아 공산성을 걸을 때도 걸음마다 옛이야기가 따라올 것이다.

이 책은 공주시의 지원으로 공주의 역사를 연구해온 충청남도역사문화연구원과 연구자들의 성과를 묶은 귀한 결실이다. 이 책을 통해 감영도시 공주가 새롭게 이해되고, 그 가치를 새롭게 발견하고, 나아가 더 깊이 사랑할 수 있기를 바란다.

2021년 4월
공주시·충청남도역사문화연구원

차례

2장 수령들을 감찰하고 백성을 교화하라

4장 역사의 현장, 충청감영

1장

왜 공주에 충청감영을 열었을까?

금강이 크게 꺾여 흐르는 곳에 고마나루가 있다. 나루의 건너편 우뚝한 산이 곰 전설이 전해지는
연미산이다. (ⓒ충청남도역사문화연구원)

마침내 공주가 되다: 고마나루에서 공주까지

나무꾼과 암곰의 전설

아주 먼 옛날, 금강의 물길이 한눈에 내려다보이는 연미산에 암곰 한 마리가 살고 있었다. 어느 날 그 곰은 나무를 하러 연미산에 들어온 청년과 딱 마주쳤다. 어쩐 일인지 곰은 그를 해치지 않고 잡아 와 남편으로 삼고 굴에 가둔 채 함께 살았다. 곰은 사냥에 나설 때는 바위로 굴 입구를 막아두곤 했다. 인간인 그가 자신을 버리고 떠날까 두려워서였다.

그렇게 몇 해를 보내면서 둘 사이에 자식이 생겼고, 연달아 둘째까지 태어났다. 암곰은 그제야 마음을 놓고 입구를 막았던 바위를 치웠다. 그러나 남자는 곰이 사냥을 나간 때를 틈타 금강에 배를 띄우고 부랴부랴 노를 저어 강 건너로 달아나버렸다. 산 중턱에서 이 모습을 본 암곰은 허겁지겁 두 아이를 데리고 강가로 내려와 애타게 남편을 불렀지만, 무정한 남편은 뒤도 돌아보지 않았다. 큰 슬픔에 빠진 곰은 두 아이를 안고 무심히 흐르는 금강에 몸을 던지고 말았다. 공주에 전해 내려오는 옛이야기다.

훗날 사람들은 나무꾼이 암곰을 피해 금강을 건너 도착한 나루를
'고마나루' 혹은 '곰나루'라 불렀다. '고마'는 '곰'을 부르는 옛말이다.
공주의 옛 이름 '웅진'은 이 애틋한 이야기에 등장하는 고마나루를
한자로 푼 것으로 곰 웅熊과 나루 진津을 붙여서 만들었다. 서기 475년,
백제 문주왕이 수도로 삼았던 당시의 지명이 바로 웅진이다.

하늘을 향해 우거진 소나무 숲길이 조성되어 금강 6경의 하나로
꼽히는 고마나루의 빼어난 풍경은 그 전설과 함께 신비로움을
더한다. 암곰이 나무꾼 남편과 두 아이를 위해 사냥하며 뛰었을
연미산에는 현재 등산로와 자연미술공원이 조성되어 있다.

단군신화의 웅녀는 100일 동안 쑥과 마늘을 먹으며 인내해
마침내 인간이 되어 단군왕검의 어머니가 되는 행복한 결말을

무령왕릉이 있는 송산리 고분군 근처에서 발견된 곰 형상의 석상. 고마나루 웅신으로 모시고 있다.
(ⓒ메디치미디어)

　　　　　호서의 중심 충청감영 공주

맞았지만, 이곳 금강을 낀 '고마나루' 웅진에 전해오는 또 다른 암곰 이야기는 비극적이고 쓸쓸한 결말로 남아 지금까지 그 슬픔을 전한다.

한성에서 웅진으로

웅진은 백제의 갱위강국更爲强國, 즉 다시금 강국이 된다는 꿈을 이루기 위한 터전이었다. 건국 초기, 백제는 지금의 서울 송파구 풍납토성 근처인 위례성을 왕도로 삼고 마한 세력을 병합하여 실력을 쌓았다. 근초고왕 대에는 고구려와의 전투에서 고국원왕을 전사시키며 삼국의 맹주로 자리 잡기도 했다. 그러나 백제는 고구려 장수왕의 남진정책에 따른 압박 속에서 개로왕이 전사하자 폐허가 된 한성을 버리고 왕도를 남쪽으로 옮긴다. 이때 터를 잡은 곳이

국립공주박물관 1층의 '웅진백제실' 입구와 전시 모습. 웅진백제실은 무령왕릉의 유물을 중심으로 당시 백제 문화의 융성함을 잘 보여주고 있다. (ⓒ메디치미디어)

웅진이다. 백제의 두 번째 수도이자 갱위강국의 꿈을 키운 곳!

이처럼 웅진으로 천도하던 시기의 백제는 매우 위태로웠다. 고구려의 침입으로 심각한 피해를 입었고 연이은 패전과 국왕의 전사로 왕실의 권위까지 떨어진 상태였다. 또 새로 옮긴 수도 웅진에는 이미 오랜 세월 지역을 다스려온 귀족 가문이 건재했다. 백제의 왕좌를 이은 문주왕은 이런 어려움 속에서 왕권을 다시 세우고자 애썼다. 하지만 문주왕은 오래 지나지 않아 대외 군사 관련 업무를 맡은 병관좌평 해구가 반란을 일으키며 보낸 자객에게 피살당하고 말았다. 문주왕의 뒤를 이어 13세에 즉위한 삼근왕은 1년 후 다시 반란을 일으킨 해구를 진압하고 설욕했으나, 이듬해 즉위 3년 만에 운명을 달리했다.

삼근왕의 뒤를 이어 문주왕의 동생 곤지의 아들이자 일본 오사카 지역에서 백제계 사람들을 다스렸던 동성왕이 왕위에 올랐다. 그는 신라 왕족과 혼인하여 동맹을 맺고 고구려를 견제했으며, 위나라의 침략을 무찔러 중국 역사서인 《자치통감資治通鑑》에도 기록을 남겼다. 그러나 즉위한 지 23년째 되던 해에 웅진의 토착 세력이자 왕실 호위병을 관장하던 위사좌평 백가가 보낸 자객에게 살해되었다. 이는 웅진으로 옮겨온 뒤 한 세대가 지나도록 백제 왕실이 여전히 불안정했음을 보여준다.

백제의 부흥과 패망을 모두 지켜보다

동성왕의 뒤를 이은 이가 갱위강국의 주인공 무령왕이다. 그는 왕위에 오르자 곧장 군사를 이끌고 동성왕을 살해한 백가의 반란을 진압했다. 이어서 5,000명의 군사를 일으켜 고구려를 침공하여 맞서고 말갈의 침략을 막는 등 백제의 국경을 굳건히 지켰다. 한편 안으로는 천재지변으로 굶주리는 백성을 위해 기꺼이 창고를 열었다. 무령왕 스스로 재임 기간에 "다시 강국이 되었다."라고 선포할 정도로 백제는 크게 번성했다.

즉위 23년 만에 무령왕이 62세의 나이로 죽자 성왕이 그 뒤를 이었다. 선왕인 무령왕이 이룬 부흥에 힘입어 성왕은 538년에 다시 백제의 수도를 웅진에서 사비(부여)로 옮기고, 나라 이름도 '남부여'로 바꾸었다. 오랫동안 교류하던 중국 남조와 교류를 이어가면서, 일본에 불교를 전파하기도 했다. 또한 신라 진흥왕과 연합해 고구려 장수왕에게 빼앗긴 한강 유역을 되찾으며 명실상부한 백제 제2의 전성기를 구가했다.

그러나 백제의 부흥은 오래가지 않았다. 신라 진흥왕이 배신하며 한강 유역을 독차지하자 신라와 전쟁을 벌이게 됐다. 이 전쟁에서 백제는 성왕을 비롯하여 3만 명에 이르는 군사를 잃는 참패를 당했다. 이 전쟁에서 패한 백제의 왕권은 다시 약해졌고, 각 지역에 근거를 둔 귀족의 농단으로 성왕의 뒤를 이은 위덕왕과 무왕 모두 국정을 안정적으로 운영하지 못했다. 무왕의 아들 의자왕 대에는 신라와 전쟁이 더 잦아지며 백성의 삶도 따라서 피폐해졌다. 이런 가운데 신라와 당나라가 연합해 백제를 공격했다.

계백 장군의 5,000 결사대가 황산벌에서 신라군에 패하고, 금강을 통해 밀고 들어오는 당나라 군사도 막지 못했다. 의자왕은 수도 사비성에서 다시 웅진성으로 피란하여 전열을 가다듬고 반격의 기회를 노렸으나 끝내 패배하고 말았다. 의자왕은 나라를 잃은 마지막 왕으로 '삼천궁녀' 전설처럼 의도적으로 깎아내리는 이야기에 등장하는 신세가 되었다. 웅진은 한편으로 백제의 부흥에 기반이 된 영광스러운 장소이면서 또한 그 끝을 맞이한 슬픈 역사를 간직한 곳이기도 하다.

한강 이남 서부 영역의 거점

그렇다면 다시 시간을 거슬러 475년, 장수왕의 침공으로 나라의 운명이 백척간두에 섰던 바로 그때, 문주왕이 웅진으로 수도를 옮긴 이유는 무엇일까. 먼저 지리적으로 외부 침략에 대응하여 수비에 유리한 장소라는 점이 고려됐을 것이다. 하지만 한 나라의 수도를 정함에 있어 전쟁시의 입지만 따질 수는 없다. 나라 곳곳의 정보를

한데 모으기 쉽고, 대규모 물자를 수송할 수 있으며, 동시에 누군가
이미 기반을 다져놓은 곳이어야 했다. 그래야 강국의 꿈을 다시 꿀 수
있기 때문이다. 웅진은 위와 같은 여러 이점을 고루 갖추고 있었고,
그렇기에 백제의 두 번째 수도로서 중흥의 터전으로 그 역할을
다했다.

　　이런 지리적 이점은 금세 바뀌지 않는다. 신라와 당나라
연합군이 백제를 무너뜨린 후, 당나라는 이 기회에 한반도를 차지할
욕심을 숨기지 않았다. 당나라는 웅진도독부를 설치하고 백제 땅을
자신들의 영향력 아래 두려 했다. 당나라의 야심은 오래 가지 못했다.
신라는 고구려까지 무너뜨리고 삼국통일을 완성한 뒤 당나라와
일전을 벌여 몰아냈다. 686년(신문왕 6) 신라는 웅진도독부를

연미산에서 바라본 금강과 공주 모습. 백제 문주왕과 고려 현종, 조선 인조가 다급한 마음에 건넜을
금강 위로 백제큰다리, 금강교, 공주대교, 신공주대교 등 다리들이 놓여 강의 남쪽과 북쪽을 잇는다.
(©충청남도역사문화연구원)

웅천주熊川州로 개편했다. 757년(경덕왕 16)에는 이름을 웅주熊州로
바꾸었는데, 통일신라 서부 영역의 거점으로 삼는 것은 변하지
않았다.

그럼 공주公州가 된 것은 언제일까? 정식 지명이 '공주'로 바뀐
시기는 940년(태조 23) 고려가 후삼국 통일을 이루고 전국에 걸쳐
기틀을 다지던 무렵의 일이다. 고려는 공주 땅을 더 넓혀 비풍군(현재
대전시의 유성·둔산·은행동)을 편입시켰다. 이제 '공주'라는 이름을
갖게 된 이 지역은 고려 현종 때에 이르러 또 한 번 국가 위기에서
진가를 발휘한다.

공주에서 받은 환대, 현종과의 인연

18세의 어린 나이에 왕위에 오른 고려 현종은 즉위하고 얼마
지나지 않아 큰 위기에 봉착했다. 거란족이 세운 요나라의 성종이
직접 40만 대군을 거느리고 고려를 침공했던 것이다. 고려 조정의
신하와 관료들은 임금이 훗날을 도모하기 위해 위험을 무릅쓰고
피란길에 올라야 할지, 굴욕을 감수하고라도 항복해야 할지, 아니면
죽음을 각오하고 맞서 싸워야 하는지를 두고 의견이 갈렸다. 이때
훗날 귀주대첩에서 이름을 날린 강감찬의 제안으로 현종은 남쪽의
나주를 향해 피란길에 올랐다.

1011년(현종 2) 1월, 매서운 추위 속에 이루어진 어린 왕의
남행은 비참했다. 고려 최초로 전란 중에 왕이 피란에 올랐으나
그를 따르는 호위병이나 신하들도 변변치 않았다. 피란길에서 만난

공주 한옥마을에 세운 '고려 현종 임금 일천년 공주 기념비'와 '조선 인조 임금 공주 파천 기념비'. 두 임금이 공주에 머물렀던 역사적 사건을 기념해 2011년에 세웠다. (ⓒ충청남도역사문화연구원)

백성들마저 왕실의 행렬에 등을 돌렸다. 몸을 쉴 숙소는커녕 먹을 것마저 구하지 못할 만큼 곤란을 겪었다. 지나는 고을의 수령이나 아전도 외면할 정도였다.

공주는 최종 피란지 나주로 가려면 반드시 거쳐야 하는 곳이었다. 차령산맥을 넘어 공주 입구에 이른 현종은 배를 타고 금강을 건넜다. 이때 몽진에 지친 현종 일행을 극진한 예우를 갖추며 맞이한 이가 공주절도사 김은부였다. 그는 옷가지와 토산품을 바치며 왕을 모셨고, 현종은 모처럼 큰 위로와 힘을 얻고 나주로 떠났다. 그리고 피란길의 자신을 유일하게 환대한 공주절도사 김은부의 정성스러운 영접을 잊지 않았다.

거란이 물러간 후, 현종은 개경으로 돌아가는 길에 다시 공주에 들러 5박 6일간 머물렀다. 김은부는 맏딸을 시켜 의복을 지어 현종에게 바치도록 했다. 현종은 그녀를 왕비로 삼았고, 다른 두 동생 또한 왕비로 맞아들였다. 세 자매가 각각 원성왕후·원혜왕후·원평왕후가 되었으며, 원성왕후와 원혜왕후가 낳은 아들들이 현종의 뒤를 이어 차례로 왕위에 올라 덕종·정종·문종이 되었다. 이때 공주에서 받은 후의에 감동했던 현종은 그 마음을 담아 시 한 편을 남겼다.

일찍이 남쪽에 공주라는 곳이 있다 들었는데
선경의 영롱함이 길이길이 그치지 않도다.
이렇게 마음 즐거운 곳에서
신하들과 함께 모여 온갖 시름을 놓아본다.

이후 조선시대에도 공주는 여전히 호서의 요지로 꼽혔다. 조선 건국 후 최대의 국가 위기였던 임진왜란 때 공주는 호서와 호남을 방어하는 사령부 역할을 했다. 항전을 독려했던 광해군이 공주를 근거지 삼아 조정을 나누는 분조分朝를 꾸렸으며, 구원병으로 온 명나라의 군대도 공주에 머물렀다.

임진왜란이 끝난 후 국가를 새롭게 정비하는 가운데 각 도의 감영을 재배치했는데, 이때 충청감영을 공주로 옮겼다. 이때부터 공주는 충청도관찰사가 머물며 충청도 전역의 수령들을 관할하는

중심지로 다시 떠올랐다. 그로부터 일제강점기인 1932년에
충남도청이 대전으로 옮겨갈 때까지 공주는 역사 깊은 중부권의 거점
도시였다.

임진·정유왜란 때에 조선을 돕기 위해 파견된 중국 명나라 군대는 공주에 주둔하였다. 전쟁이 끝난 후
이 일을 기념하며 공산성에 '명국삼장비'를 세웠다. (ⓒ충청남도역사문화연구원)

공주의 가치를 발견하다

호서의 중심지 공주

"모든 길은 로마로 통한다."라는 말이 있다. 이는 세계를 제패한 대제국 로마를 칭송하는 말이면서 한편으로 제국 운영에서 '길'의 중요성을 강조하는 말이기도 하다. '길'로 대표되는 교통은 단순히 사람들의 이동이나 물자의 흐름뿐 아니라 정보 흐름, 세력 결집, 국가 안위와 국력 확대 등 여러 부문에서 결정적인 역할을 한다. 이는 전통시대에도 마찬가지였다.

왕조 국가에서 나라를 잘 다스린다는 것은 멀리 변방의 작은 마을까지 나라님의 은혜가 미친다는 뜻이다. 그 은혜가 미치려면 길이 잘 닦여 있어야 한다. 나라님을 대신할 관리를 파견하고, 그들이 고을의 백성을 잘 다스리는지 감독할 길이 필요하다. 전국의 인재를 가려 뽑는 제도인 '과거'를 위해서도 길이 잘 닦여 있어야 하고, 각 지역에서 생산되는 물품을 필요에 맞게 교류하는 데도 역시 길이 필요하다. 잘 닦인 길이 있어야 빠짐없이 세금을 거두고 백성에게 부역을 부과할 수 있다.

그래서 조선시대에는 모든 길이 한양으로 통했다. 수도 한양에서 출발해 전국 각 방향으로 뻗은 아홉 개의 대로가 교통의 핵심이었다. 제1로는 한양에서 출발해 의주에 이르는 의주로, 제2로는 한양과 경흥을 잇는 관북로, 제3로는 한양에서 동쪽 평해에 이르는 관동로, 제4로는 한양과 부산을 잇는 영남대로(좌로), 제5로는 한양에서 통영으로 향하는 영남대로(우로)다. 제4로와 제5로는 한양에서 용인을 거쳐 충주를 지나고 조령을 넘어 문경에 이르기까지는 같으나 제4로인 영남좌로는 대구를 거쳐 동래로 이어지고, 제5로인 영남우로는 문경에서 상주를 거쳐 성주, 현풍, 함안, 고성을 지나 통영에 다다른다. 제6로는 한양에서 수원을 지나 천안, 공주, 삼례를 거쳐 통영에 이르는 호남대로(좌로)다. 제7로는 역시 한양에서 제주까지 이어지는 호남대로(우로)로 한양에서 공주를 거쳐 삼례까지는 좌로와 같고, 이후 정읍을 지나 나주를 거쳐 땅끝 해남에서 뱃길로 제주에 이르는 길을 가리킨다. 제8로는 제6로와 같이 한양에서 수원을 지나 소사까지 왔다가 그곳에서 길을 틀어 평택과 요로원, 신창을 지나 충청 수영에 이르는 길이다. 제9로는 한양에서 김포를 거쳐 강화에 닿는 길이다. 조선은 이 아홉 개의 대로를 통해 팔도 끝까지 나라님의 은혜를 베풀고, 또 세금과 부역을 부과하며 백성을 다스렸다.

이 중 공주는 호서의 중심부에 위치해 삼남대로라 불렸던 제6로(호남좌로)와 제7로(호남우로)를 지날 때 필히 거쳐야 하는 주요 기착지였다. 육로를 통해 한양과 삼남을 오가는 사람과 물자의 상당수가 공주를 거쳐 갔다. 게다가 공주는 호서의 각 지역으로 연결된 사통팔달의 요충지로서 지역 내의 사람과 물자의 교류 중심이었기에 일찍부터 호서의 중심지 역할을 해왔다.

호남대로의 공주, 이몽룡이 춘향을 만나러 가는 길

교통의 요지 공주의 명성은 판소리와 고전문학에도 또렷이 그 자취가 남았다.

"천안 들어 중화 허고 삼거리 여기로구나. 떡전거리 묵 사 먹고 인덕원 빨리 넘어 광정 역마 갈아타고 모란 수춘 바삐 지나 일신 역마 갈아타고서 공주 금강을 얼푼 건너…."

공주가 낳은 국창 박동진 선생의 〈춘향가〉 한 대목이다. 과거에 급제한 이몽룡이 암행어사에 제수되어 한양을 떠나 남원으로 향하는 여정을 소리로 읊고 있다. 남대문을 벗어나 천안을 거치고 공주 금강을 얼른 건너 남원으로 향한다는 내용이다.

판소리 〈춘향가〉의 원전이라 할 수 있는 고전소설 《춘향전》에 이몽룡의 여정이 좀 더 구체적으로 묘사되어 있다.

"부모 앞에 하직하고 전라도로 향할 때 남대문 밖에 나서서 서리胥吏 중방中房 역졸 등을 거느리고, 청파역에 말 잡아타고, 칠패와 팔패며 배다리 등을 얼른 넘어 밥전거리 지나 동작銅雀이를 얼른 건너 남태령南太嶺을 넘어 과천읍에서 점심 먹고, 사구내沙丘乃 미륵당이

수원水原에서 대황교 大皇橋 떡전거리, 진개울, 중미, 진위읍振威邑에서
점심 먹고, 갈원葛院 소사素沙에 고다리, 성환역成歡驛에 숙소하고
상류천上柳川 하류천下柳川 새술막 천안읍天安邑서 점심 먹고, 삼거리
도리치道里峙 김제역金蹄驛에서 말을 갈아타고, 신구新舊 덕평德坪을
얼른 지나 원터에 숙소하고, 팔풍정八風亭 활원弓院, 광정廣程, 모란毛老院,
공주公州 금강錦江을 건너 금영錦營에서 점심 먹고, 높은 행길 소개문,
어미널터, 경천敬川에 숙소하고, 노성魯城 풀개草浦사다리, 은진, 까치다리,
황화정皇華亭, 장어미고개, 여산읍礪山邑에 숙소하고…(생략)"

이몽룡은 한양의 남쪽 관문인 남대문에서 출발한다. 숭례문을
빠져나와 청파역(숙대입구역 인근 청파동)에서 역마를 잡아탄다.
이어 칠패거리와 팔패거리(서울 중림동 인근)를 거쳐 밥전거리를
지나 강을 건너 동작을 거쳐 남태령을 넘어 과천을 지난다. 수원에서
하룻밤을 묵고, 떡전거리(화성시 병점)를 지나쳐 평택의 진위·갈원(현
칠원동)을 지나 오늘날 배로 유명한 성환에서 다시 하룻밤을 지낸다.
다음 날 아침 출발해 천안의 새술막(새로 생긴 주막)에서 점심을 먹고
삼거리 도리치에 있는 김제역에서 다시 말을 갈아탄다. 남대문을
벗어나 이틀째가 되던 날 말을 갈아탄 도리치 고개는 천안에서
공주로 이어지는 고갯길이다. 이 고개를 지나 덕평을 거쳐 원터에서
하루를 더 묵는다. 이윽고 공주 가까이로 다가온 이몽룡은 금강을
건너 충청감영(금영)에서 점심 식사 후 노성·풀개사다리(초포)가 있는
논산을 거쳐 황화정에 도착한다. 바로 충청도와 전라도의 경계로,
이곳을 지나면 장어미고개를 넘어 호남 땅 여산에 도착한다.

공주는 명실상부한 호서의 중심지였으며, 지금도 대전과 세종시를 포함한 충청권의 많은 지자체와 경계를 맞대고 있다.

이몽룡이 지난 길이 앞서 언급한 조선시대 제6로인 호남좌로에 해당한다. 삼남 지방의 어느 곳에라도 닿으려면 반드시 호서의 중심 공주를 통과해야 했다. 온갖 사람과 물자가 그곳을 거쳐갔다. 사람의 신체에 비유하면 대동맥에 해당하는 길이다.

또한 공주는 '구구십리'라는 별명처럼 호서 지역 전체를 관리하고 다스릴 수 있을 만큼 지역 내 접근성이 좋았다. 구구십리란 충청 관내 9개의 군현과 직접 맞닿아 있다는 뜻으로 동쪽의 회덕·진잠, 남쪽의 부여·니산(노성)·연산·진산, 서쪽의 대흥과 북쪽의 천안·연기가 이에 해당한다. 이 장점은 여전해서 공주는 지금도 세종특별자치시, 대전광역시 그리고 충남의 계룡시, 논산시, 부여군, 청양군, 예산군, 아산시, 천안시 등 여러 지방자치단체와 경계를 이루고 있다.

호남대로와 금강이 만나다

호남대로의 중간 거점이었던 공주는 육로뿐만 아니라 수로의 요지이기도 했다. 우마차가 다닐 수 있는 호서지방의 육로와 금강의 뱃길을 따라 사람이나 물건을 실어 나르는 선운이 맞닿은 지리적 이점은 공주를 호서의 중심지로 꼽기에 충분했다. 더구나 이 뱃길은 조선팔도에서 가장 넓은 호남평야와 곧장 연결된다. 다시 말해 가장 풍부한 물산지대가 육로와 수로로 연결되었던 것이다.

전통시대에는 수로를 통한 선운이 물류의 핵심 기반이었다. 실학자 이중환은 지리서 《택리지擇里志》에서 선운의 중요성에 대해 기술하고 있다.

"물자를 옮기는 방법으로 말이 수레보다 못하고 수레가 배보다 못하다. 우리나라는 산이 많고 들이 적어 수레가 다니기에 불편하여 나라 안 모든 상인이 말에 재물을 싣고 있다. 길이 멀면 옮기는 비용도 많아져 소득이 줄어들게 된다. 말을 이용하여 짐을 옮기는 것이 배로 짐을 실어 옮기는 교역보다 이익이 적으며, 그러므로 배로 짐을 옮기는 것이 이익이다."

상황이 이런 만큼 한 번에 많은 양의 화물을, 가장 빠르게 실어 나르기에는 선운만 한 것이 없었다. 경창은 조선시대에 서울 한강가에 있던 국가 창고로 지방에서 수송해 오는 세곡과 공물을 저장하던 곳이다. 경창이 한강가에 있었다는 것은 그만큼 선운이

6종류의 배에 대해
그림으로 설명하고 있는
《각선도본各船圖本》 중 세곡을
운반하던 조운선의 모습.
(ⓒ서울대학교 규장각)

발달했음을 뜻한다. 나라 곳곳에서 걷은 세곡은 세곡선을 통해
신속하고 안전하게 경창으로 운송할 수 있었다.

또 화폐경제가 정착되기 전 현물로 세금을 거두던 때에 산을
넘어 다녀야 했던 육로는 힘들기도 했을 뿐더러 치안이 불안했던
만큼 도적들의 위협에서도 자유롭지 못했다. 그에 비해 뱃길을
통해서는 많은 세곡을 상대적으로 빠르고 안전하게 옮길 수
있었으니, 당시 공주를 지나는 금강 물길은 상상 이상으로 중요했을
것이다.

이렇게 육로와 수로가 교차된 덕에 18세기 공주에는 정기적으로
열리는 장시만 무려 14개에 달했다. 육로와 수로가 자연스럽게
연결된 공주의 강점은 임진왜란 이후 국가 운영을 재정비하던 조선
조정에서 공주를 호서지방을 관할하는 충청감영지로 택할 만한
이유였다.

호남에서 오는 적은 공주에서 막는다

"적이 만약 호남 방면에서 침입해오면 공주에서 막을 것이며, 예전의
진관을 넷으로 나누어 홍주는 해적을 막고 공주는 호남에서 오는 적을
방어하도록 해야 합니다."

1596년(선조 29) 11월, 임진왜란이 막바지에 이르던 무렵 또다시
침략의 야욕을 보이는 일본의 움직임을 보며 영의정 류성룡은
선조에게 이렇게 건의했다. 공주를 교두보로 삼아 호남에서 오는
왜적을 막겠다는 전략이었다.

1592년 임진년 4월 13일, 도요토미 히데요시의 명을 받은
일본군은 부산진을 통해 조선에 발을 들였다. 이때 일본은 이미
서양과의 교류와 오랜 내전을 통해 최고의 전력을 갖추고 자신감에
차 있었다. 한편, 당시 건국 이후 200여 넌이 지난 조선은 오랜
평화의 시간을 보내는 동안 군사적 긴장이 약해진 상태였다. 북방의
여진족이나 왜구의 침탈이 더러 있었으나 전면전으로까지 나아간
적이 없었기에 군기는 해이해지고 병장기는 녹이 슬어가고 있었다.

임진왜란이 벌어지기 9년 전, 율곡 이이는 나라의 상황을 볼 때
적이 오면 반드시 패할 것이라며 백성의 삶을 안정시키고 이들을
바탕으로 군대를 키워야 한다는 이른바 '십만양병설'을 주장했다.
하지만 누구도 이에 주목하거나 동의하지 않았다. 조선은 임진왜란
발발 2년 전에 통신사로 일본에 다녀온 정사 황윤길과 부사 김성일이
일본 내 상황에 대해 서로 다른 의견을 내는 등 전쟁 위협 앞에서

제대로 준비하지 못하고 있었다.

일본군은 부산 앞바다에
나타난 후 순식간에 부산과
동래를 함락했고, 파죽지세로
거침없이 북상했다. 백성들은
풍문만 듣고도 놀라 무너지는
형편이었다. 이를 막으려고
충주 탄금대에서 신립 장군이
배수진을 치고 적을 기다렸다.
그러나 선조가 하사한 보검으로
무장한 신립도 조총으로 무장한
일본군을 막기에는 역부족이었다.
끝내 패전의 비통함을 받아들이지

1592년 4월 13일과 14일 이틀간에 걸쳐
벌어졌던 왜병과의 전투 장면을 묘사한 〈부산진
순절도〉. (ⓒ육군사관학교)

못한 신립은 스스로 강물에 몸을 던져 죽음을 선택했다. 이 소식이
전해지자 위기를 느낀 선조는 도성을 버리고 평안도 의주로 몽진을
결정한다. 몽진은 머리에 먼지를 뒤집어쓴다는 뜻으로, 난리 중에
임금이 궁궐을 벗어나 몸을 피하는 것을 비유하는 말이다. 왕이
백성을 버리고 도망친다는 뜻이나 다름없다. 오죽하면 배신감을 느낀
백성들이 일본군이 한양에 들어오기도 전에 궁궐에 불을 지르며
분노했겠는가.

왕은 백성과 나라를 버린 채 자신의 안위를 위해 달아나고
말았지만, 전쟁은 초기 일본의 파죽지세가 한풀 꺾이고 있었다.
바다에서는 명장 이순신의 지휘를 받는 수군이 연전연승하고 있었고,

권율 장군을 비롯해 각지의 관군도 점차 전열을 가다듬으며 소기의
성과를 거두었다. 또 곽재우와 조헌 등 유생을 중심으로 곳곳에서
의병이 일어났고, 휴정과 유정 등 승병들도 병장기를 손에 쥐고
전쟁에 합류했다. '오성과 한음'으로 유명한 이항복과 이덕형은
외교에서 능숙한 활약을 벌여 명나라의 원군을 청하는 데 성공했다.

　　남쪽의 적을 공주에서 막겠다는 류성룡의 건의는 전쟁 초기의
위기를 넘기고 전쟁이 소강상태에 빠진 뒤 긴 휴전협상이 오가던
때의 일이다. 도성을 버리고 피란길에 올랐던 선조에게는 마치
이제라도 전쟁의 주도권을 쥔 듯한 솔깃한 전략이었을 것이다.

조선이 발견한 공주

　　공주의 전략적 가치를 알아본 이는 류성룡만이 아니었다. 선조는
임진왜란이 터지자 긴급하게 둘째 아들 광해군을 세자로 책봉했다.
광해군은 조정을 나눈 임시조정 '분조'를 이끌고 전국을 돌며 전쟁을
독려하라는 명을 받았다. 선조가 북쪽으로 몽진하는 동안 세자
광해군은 잠시 공주에 머물기도 했다. 그런 경험으로 공주가 삼면이
약 300미터 높이의 크고 작은 구릉으로 둘러싸여 있으며, 북쪽은
차령산맥과 금강이 닿아 있고 계룡산이 남쪽에 있어 새로 성을 쌓지
않고도 쉽게 적들의 접근을 막을 수 있는 천혜의 요새임을 잘 알고
있었을 것이다. 훗날 왕위에 오른 광해군은 금강에 요새를 만들어
지킬 것을 특별히 지시했는데, 이를 보아도 광해군이나 류성룡
등 조정의 핵심인물들은 공주의 전략적 가치를 정확히 이해하고

있었음을 알 수 있다.

한편, 공주는 조선을 도우러 온 명나라 군대가 병영을 설치한 곳 중 하나다. 앞서 언급했듯 의주로 파천한 조선 조정은 명나라에 원군을 청했고, 마침내 5만여 명의 명나라 군대가 조선으로 파병되었다. 파병된 명나라 군대는 왜군과 접전을 벌이며 전국의 중요한 길목에 배치되었는데, 1598년(선조 31) 가을 공주에 명나라의 장수 제독 이공, 위관 임제, 유격장 남방위 등의 부대가 주둔하여 왜군의 추가적인 도발을 저지했다. 훗날 명군이 주둔했던 공산성 안에는 이들 세 장수의 공을 기리는 '명국삼장비'가 세워졌다.

비문에 의하면 이들이 공주에 있는 동안 백성들은 왜군의 위협 속에서도 안전하게 생업에 종사할 수 있었다고 한다. 또한 공주 사람 정천경은 의병을 일으켜 명나라 장수 남방위, 임제와 함께 왜군을 토벌하는 공을 세우고 이에 조정으로부터 치하를 받기도 했다.

이렇듯 공주는 교통의 요지라는 장점만이 아니라 임진왜란과 같은 대규모 전쟁에서 나라를 지키는 중요한 군사요충지로서도 인정받은 곳이다. 군사요충지로서 공주의 가치는 1600년을 전후한 시기에 각 도의 감영을 한 지역에 상주하도록 재편하는 과정에도 영향을 미쳤으리라 여겨진다. 공주는 앞서 설명한 교통 거점의 장점과 천혜의 요새로서 군사요충지의 역할까지 잘해냈다. 호서 지역을 이끌고 관할하는 수부도시로서 충청감영이 설치될 이유는 충분했다. 임진왜란을 겪으며 조선은 공주를 다시 인식하기 시작했고, 도시로서의 장점과 기능을 더 발휘할 수 있도록 노력을 기울였다.

공산성 진남루. 남쪽으로 향한 공산성의 입구다. (ⓒ충청남도역사문화연구원)

공주에 감영을 설치하라

전쟁과 변란으로 혼란한 세상

왜란이 시작된 지 5년째로 접어든 1596년 3월, 선조는 이정암을
충청도관찰사로 임명하며 "가솔을 이끌고 공주에 가 감영을
설치"하라고 지시했다. 명과 일본이 지리한 강화 협상을 이어가며
소강상태를 유지하던 때였다. 소강상태라고는 하나 백성의 고충은
여전했고, 당시 충청도 홍산에서 난을 일으킨 이몽학 무리가 세력을
규합하여 인근 관아를 습격하는 일도 일어났다. 이를 수습하는 일이
시급하다 보니 공산성 수축의 과제는 뜻대로 이루어지지 않았다.
그러던 중 일본이 재차 침략 조짐을 드러냈고, 결국 이듬해인 1597년
정유재란이 일어났다. 조선 정부는 이정암의 후임으로 유근을
임명하며 무너진 공산성을 다시 세우고 방어하라고 지시했다.

정유재란이 끝난 후, 1602년 선조는 다시 한 번 유근에게
충청도관찰사를 제수하며 불안한 상황에 놓인 호서 지방의 안정을
꾀했다. 당시 조선은 1592년부터 1598년까지 두 차례 일본의
침략을 받으며 전 국토가 황폐해졌고, 때마침 가뭄과 홍수, 우박 등

자연재해까지 수년 동안 반복되면서
백성들의 삶이 피폐해진 상태였다.
충청도 서북부 지역에서는 "고을
한복판에 시신이 쌓여 있으며
굶주린 백성들이 사람을 먹을
정도였다."라는 흉흉한 기록이
남기까지 했다.

공주와 인연이 깊은 조선 중기의 문신
유근의 초상화. 보물 제566호로 지정되어
있다. (ⓒ문화재청)

　　이렇게 불안한 상황에서 역모
사건이 일어났다. 충청도 천안에
사는 화수라는 하급 무관이 주도한
사건으로, 충청 지역과 전라도에서
그를 따르는 이들이 모의하던
과정에 발각됐다. 역모를 꾀한
일당은 모두 토벌되고 규모도
그리 크지는 않았지만, 온양(현
아산)·목천(현 천안)·전의(현 세종)·진천·청주·연산(현 논산)·은진(현
논산) 등 충청도와 순창·함양 등 전라도의 여러 고을 출신들이
연합했다는 점에서 심각하게 받아들여졌다.

　　호서에서 가장 중요한 요새,
　　한양 남쪽의 첫 번째 관문

　　낙관할 수 없는 상황이 이어지고 민심이 불안에 떨자 중앙 조정에서는 당시 예조판서를 맡고 있던 유근을 다시 불러 관찰사로 임명하며 충청도를 안정시키는 임무를 맡겼다. 유근은 이미 한 차례 충청도관찰사로 임기를 마친 경험이 있어 충청 지역의 민심을 바로잡고 안정을 되찾는 일에 큰 역할을 하리라 믿었다.

> "신이 외람되게 은총을 입어 재신의 일원으로 있었는데 재차 호서를 맡으라는 명을 내리시어 무마 진정시키는 책임을 맡기셨습니다. 두 차례의 전쟁을 겪었고 여러 번 역변이 일어난 후여서 책임과 기대는 더욱 무거운데 은혜를 갚기는 더욱 어려우니 어리석은 신으로서는 어떻게 해야 할지를 모르겠습니다."

1602년(선조 35) 9월, 충청도관찰사로 다시 임명받은 유근은 선조에게 호서 지역 백성들이 전란과 재해로 힘든 중에도 무거운 세금으로 고통을 겪고 있으니 지역 사정과 세곡을 운반하는 방식 등을 고려해 부담을 줄이겠다고 다짐하고 임지로 떠났다.

이때 관찰사 유근이 주목한 곳이 공주였다. 전란 중이던 1597년(선조 30) 5월 1일, 명나라에서 지원군이 왔을 때 충주에서 이들의 군량을 수급하기 힘들어지자 국정 전반을 총괄하는 기구인 비변사에서 선조에게 다음과 같이 아뢰고 공주에 주둔하게 한 적이 있었다.

> "충청도 도내의 각 고을 중에는 오직 공주만이 다소 창고에 저축된 곡식이 있습니다. 또 공주는 곧바로 길목에 위치해 있고, 충주와도

며칠의 노정밖에 되지 않습니다. 명나라 군사를 우선 공주에 머물게
하여 군량 보급을 원활히 하도록 하다가, 만일 적들의 세력이
몰려온다는 소식을 듣게 되면 즉시 충주로 달려갈 수도 있으니,
병력이 이르지 못할 것을 걱정할 것은 없습니다. 공주는 중간에 자리
잡고 있어 좌우로 책응하기에도 편리할 뿐만 아니라, 앞에는 금강의
바닷길을 마주하고 있어 군량의 운송에도 서로 통하기가 쉽습니다."

이렇듯 임진왜란을 겪은 이후부터 공주는 '호서에서 가장 중요한
요새이며, 남쪽으로 가는 첫 번째 관문湖西最要之關防 南下第一關防'이라는
인식이 강해졌다. 이러한 과정 속에서 충청도관찰사로 다시 부임한
유근은 먼저 공산성을 복구하고 산성 안에 자리를 마련한 뒤
충청감영을 공주로 옮겼다.

충청감영을 옮기는 일

감영을 다른 고을로 옮기는 것을 지금과 비교하면 마치 도청
소재지를 옮기는 것과 같다고 할 수 있다. 경기도지사가 도청
소재지를 현재의 수원에서 경기도의 다른 지역, 가령 의정부 같은
곳으로 이전하자고 주장한다면 어떨까? 아마 엄청난 반발과 논란이
일어날 것이다.

충청감영을 공주로 이전한다는 결정에는 관찰사 유근의 역할도
중요했겠지만, 단독 결정이 아니라 중앙 조정에서도 같은 인식을
공유하고 있었기에 가능했던 일이다. 당시 조선은 전란 이후의

어지러운 사회를 수습하기 위해 여러 정책 변화를 시도하고 있었다. 그중 하나가 각 도의 감영을 지역 요충지에 재배치해 행정과 군사 거점 도시를 구축하는 것이었다.

공주에 충청감영 설치를 논의했던 것과 비슷한 시기인 1600년에 함경감영을 함흥에서 영흥으로, 또 1601년에는 경상감영을 상주에서 대구로 옮겼다. 새로 옮긴 곳들은 임진왜란을 거치며 지역 내 행정과 교통의 요충지임이 부각됐던 곳들이다. 공주로 충청감영을 이전한 것도 국가 재정비의 일환이었다. 유근이 다시 충청도로 간 것은 이처럼 선조와 조정의 생각에 그가 큰 사업을 마칠 수 있는 인재로 여겨졌기 때문이다.

그렇다면 충청감영은 본래 어디에 있었을까? 이에 대해서 아직은 확실히 결론이 나지 않았다. 연구자들은 대체로 충주나 청주에 있었을 것으로 추정하고 있다. 《조선왕조실록》을 비롯해 역사 기록이 풍부한 조선시대에 지방 통치구조의 핵심인 감영의 위치가 아직도 불확실한 것은 무슨 이유일까? 그것은 조선 전기 감영의 운영 방식 때문이다.

임진왜란 이전까지 감영의 수장인 관찰사 즉 감사는 오늘날의 도지사처럼 특정 지역에 거처하며 일을 하지 않았다. 오히려 관할 도의 각 고을을 직접 찾아가 백성을 살피고 수령을 감독하는 순력이 주 업무였다. 감사 임기에 도내 고을들을 두루 돌아다니며 백성을 살피고 수령을 감찰해야 했으므로 굳이 규모를 갖춘 감영 건물을 세울 필요가 없었다.

관찰사의 업무가 이러하니 관찰사를 제수받은 이는 가족을 두고

1702년 제주목사 겸 병마수군절제사로 부임한 이형상이 제주도를 돌면서 화공에게 그리도록 해 남긴 기록화첩 〈탐라순력도〉의 일부. 순력 행사가 그림으로 남은 것으로는 유일하다. (©국립제주박물관)

혼자서 임지로 떠나는 것이 일반적이었다. 다만 감사가 자신의 관할 구역(도)의 정무를 종합적으로 살피고 순력 중 잠시 머물러 휴식할 수 있도록 도마다 서울에서 가까운 큰 고을에 '본영'을 설치했다. 충청도의 경우 본영이 설치된 곳이 충주나 청주가 아니었을까 추정할 뿐이다. 조선시대 어느 사료에도 이에 대해 속 시원하게 알려주는 구절은 없다. 따라서 1596년 이정암에게 충청도관찰사를 제수하며 '가솔을 이끌고 공주에 가 영을 설치'하라는 명령을 내렸다는 것은 관찰사가 상주하는 감영을 설치하라는 의미로 볼 수 있다.

　한 가지 주목할 점은 공주에 충청감영이 설치되면서

충청도관찰사(감사)가 공주 목사를 겸하는 '겸목제'가 실시되었다는 점이다. 오늘날의 행정체제와 비교하자면, 도지사가 도청소재지의 시장이나 군수를 겸직하는 것으로, 이는 충청감사가 공주목에 상주한다는 걸 전제로 한다. 합리적인 제도였던 셈이다.

공산성, 공주의 첫 번째 충청감영

공주에서 충청감영의 시대가 열렸지만, 그 시점이 정확히 언제였는지도 아직 논란거리다. 1988년에 편찬된 《공주군지》에는 1598년이라고 기록되어 있으나, 조선시대의 다른 자료에서는 이와 유사한 기록을 찾아볼 수 없다. 그러나 1790년에 간행된 《공주감영읍지》에 실린 〈선화당 이건기〉를 살피면 1600년 1월 13일에 충청도관찰사로 부임한 권희와 관련한 기록을 찾아볼 수 있다. 그가 부임 후 관찰사의 집무실인 선화당을 조정의 허락 없이 건립하다 암행어사에게 발각되어 임기도 마치기 전에 교체되었다고 기록하고 있다. 후임 감사인 장만이 부임한 것이 4월이므로, 약 2개월 남짓한 시간 동안 감영을 건립하기에는 무리가 있어 보인다.

이에 비해 1602년에 부임한 유근이 그해 9월 12일에 감영을 설치하는 절차를 선조에게 묻고, 1603년에 선조로부터 충청도관찰사와 공주 목사를 겸직하라는 허락을 받았다는 기록으로 미루어볼 때, 1603년(선조 36)이 공주 감영의 개영 시기일 가능성이 크다.

그렇다면 공주에 처음 감영을 설치했던 장소는 어디일까?

유근이 공주에 감영을 열었던 곳은 한때 백제의 도읍이었던
공산성 안이었다. 공산성은 백제가 금강변의 공산에 봉우리를
중심으로 주변의 계곡을 돌아가며 흙벽을 쌓아 만든 산성이다.
원래는 흙으로 성벽을 쌓았으나 임진왜란이 끝난 후 돌로 다시
고쳐 쌓아 방어 기능을 높인 것으로 보인다. 백제 당시에는 공주가
웅진이었듯, 공산성도 웅진성으로 불렸다. 공산성이라 불린
것은 고려시대부터인데, 조선시대에 인조가 이괄의 난을 겪으며
공산성으로 피신하던 시기에 쌍수산성이라 불리기도 했다.

　　1596년(선조 29)에 충청도관찰사로 부임했던 이정암의 기록을
보면, 그동안 공산성은 제대로 보수하지 않아 성 안에 들어가

현재 공산성의 주 출입구가 된 금서루로 올라가는 입구. 세계유산 지정을 기념하는 안내비가
탐방객을 맞이하고 있다. (ⓒ조남존)

주둔할 상황이 못 되었다. 그러다 전란이 끝나고 1602년에 유근이 부임했다. 유근은 조정에서 감영 설치에 대한 허락과 함께 직을 겸목하라는 명을 받은 뒤 쌍수산성을 수축하고 비로소 감영 청사와 공북문·진남문을 세웠다. 이때 유근은 다음과 같은 '쌍수영 청사 상량문'을 직접 지었다.

> "이 지역(공주)의 울타리는 나라의 문호라 할 수 있다. 조령과 죽령 두 고개는 윗부분의 요새이고 웅진과 금강 두 나루는 중부의 요새다. … (중략) … 사면의 언덕이 땅 위에 높이 솟았고, 한 줄기 강물은 성 밑으로 흐르누나. 하늘이 만든 우연함이 아니었고, 어찌 사람의 힘으로 하는 바이겠는가?"

공산성이 천혜의 요새임을 강조한 이 상량문에 공산성을 보수공사하면서 쌍수영청을 만들고 상량문을 쓴 이야기를 기록해 후대에 남겼다. 1604년 2월 20일에 유근의 후임으로 이홍로가 부임했다. 당시에는 충청감영이 공산성 안에 있었으며 '쌍수영'이라 불렀다.

공산성 전경. 금강의 남쪽에 자리 잡은 관방의 요새였다. (ⓒ충청남도역사문화연구원)

충청도의 중심이 되다

첫 번째 이전: 비좁은 산성 안에서 구영으로

오늘날 공주시청에서 도보로 10분 남짓한 거리에
'충청도포정사'라는 현판이 걸린 문루를 만날 수 있다. 오래된 것은
아니고 2018년에 복원한 것이다. 이곳에서 제민천을 가로지르는
대통교를 지나 의료원 삼거리까지를 '감영길'이라 명명한 것도 옛
감영을 기리는 일환이다. 의료원 삼거리 바로 우측이 과거 공주목이
자리했던 곳으로, 발굴과 더불어 복원이 진행중이다. 조선 후기 호서
지역의 중심지 중에서도 가장 핵심인 곳이 바로 이 일대인 셈이다.
1707년, 봉황산 아래에 감영을 설치한 이후 1932년 대전으로 도청이
옮겨가기 전까지 200여 년 동안 감영 자리였던 이곳에는 현재
공주대학교 사범대학 부설고등학교가 들어서 있다.

최종적으로 봉황산 아래에 감영 터를 잡았지만 그 이전 약
100년 동안 충청감영은 수차례 자리를 옮겨다녔다. 1603년 충청감사
유근이 공산성 안에 처음 감영을 열었지만 안타깝게도 충청감영은
공산성 안에 오래 머물지 못했다. 감영이 자리한 산성 안의 터가 너무

1920년대의 공주 포정사 문루의 모습. (ⓒ일본 이와테현 사이토마코토기념관)

비좁았기 때문이다. 이 때문에 개영을 한 이듬해인 1604년 유근의
후임으로 부임한 충청감사 이홍로는 공주 고을의 구영舊營으로
감영을 옮긴다. 첫 번째 이전이다. 이때 '구영'이란 공주 고을을 남에서
북으로 흐르는 제민천의 서쪽에 있었던 옛 감영의 유영留營이었을
것으로 추정한다.

　　17세기 관찰사의 집무 공간으로 감영을 세우기 전까지 충주와
청주를 비롯해 도내 요충지에는 관찰사가 관내를 순력할 때 임시로
머무는 거처인 유영을 두었다. 따라서 공산성 안에 세운 감영을
벗어나 이홍로가 옮긴 곳은 공주 시내에 있던 유영이었을 것이라는
설이 유력하다. 이때 산성 안에 비워두었던 감영 건물은 1624년

이괄의 난을 피해 몽진한 인조가 5박 6일간 머무른 행재소로
사용했을 것으로 추측된다.

두 번째 이전: 민란을 피해 산성으로

공주에 감영이 세워지고 40여 년이 지나는 동안, 임금이 세
번 바뀌었다. 선조가 승하하고 광해군이 왕위에 올랐다. 전후
복구를 위해 분투했던 광해군이었으나 폐모살제, 바로 광해군이
인목대비를 폐하고 영창대군을 죽인 사건이 큰 반발을 일으켰다. 또
임진왜란과 정유재란을 거치면서 외교에 더욱 신중을 기하려 했던
노력은 명나라에 대한 의리를 저버리는 배은망덕으로 치부되어
역시 인조반정에 이르는 빌미가 되었다. 서인이 주도한 인조반정은
광해군을 끌어내리고 인조를 왕으로 앉히는 데 성공했으나, 곧 나라
안팎에서 반란과 청나라의 침략이 이어지면서 조선의 정세는 극도로
불안해졌다.

1646년(인조 24), 백성들 사이에서는 다음과 같은 이야기가
바람을 타고 전해지기 시작했다. 광해군을 몰아내고 왕위에 오른
인조의 정통성을 거론하며 크고 작은 반란이 이어지던 시기였다.

"임경업 장군이 군사를 일으켜 곧 한양에 도착한다는구먼!"
"무슨 소리야. 내가 알기로는 나라를 바로잡기 위해 정씨 성을 가진
이가 나타나 한양으로 가고 있다던데?"
"에이, 모르는 소리들 하고 있네. 임경업 장군도 정씨 성을 가진 이도

아니고, 최영 장군의 후예라는 소문이 파다하고만."

　풍문으로 돌던 확실하지 않은 소문들이었지만 실제로 계속해서
반란이 일어났다. 충청과 전라 지역에서는 백성들이 군사력까지
동원한 변란이 일어났다. 천민 출신이었으나 면천하여 평민이 된
후 전국을 떠돌던 안익신이 주모해 서울의 권대용, 이산의 유탁,
연산의 이지혐, 이산의 홍영진 등이 결탁하여 변란을 일으킨 것이다.
'유탁의 변' 또는 '안익신 옥사'라 불리는 이 변란을 진압한 것이
당시 충청감사였던 임담이다. 임담은 이들을 토벌한 뒤 구영에 방어
시설이 없다는 이유를 들어 40여 년 간의 구영을 청산하고 1646년
7월에 "성지가 좁고 불편한" 공산성 안으로 황급히 감영을 옮겼다.
비슷한 사건이 반복되는 것을 우려했기 때문이다. 이것이 두 번째

공산성 안에 물을 공급하던 연지와 금강을 조망하는 만하루. (ⓒ충청남도역사문화연구원)

이전이다.

이때 변란이 수습된 후 조정에서는 변란을 주도했던 역도들의 출신지에 대해 "공청도公淸道 공주목을 강등하여 공산현으로 삼고, 이산尼山·연산連山·은진恩津을 혁파하여 1개 현으로 합하여 은산현恩山縣이라고 하고, 공청도를 홍청도洪淸道로 바꾸고, 전라도 금산군錦山郡을 강등하여 현으로 삼도록 한다."라는 결정을 내려 후대에 대한 경계로 삼았다.

세 번째 이전: 감영 운영의 편의를 위해 다시 구영으로

다시 옮겨간 산성 감영의 모습에 대해 1647년 공주 목사를 지낸 신유申濡는 〈호서순영중수기湖西巡營重修記〉에서 이렇게 밝히고 있다.

"성의 동쪽은 월성산의 쌍봉이 우뚝 솟아 있어 골짜기는 깊고, 감영의 건물 절반은 낭떠러지에 걸쳐 있고, 집들은 마치 돌에 붙은 굴조개와 같다."

공주목 내에서 지리적 위치나 행정적으로 가장 중심이 되는 건물인 정청正廳에서 산성까지의 거리가 약 2킬로미터나 떨어져 있고, 순영에 이르는 성 안팎의 길이 험하고 가팔라서 임금의 명을 받들거나 물품을 공급하기 어려웠다. 그뿐만 아니라 다른 지역에서 공적인 서류를 들고 찾아오는 사람들이 도착해도 주변에 먹고 쉴 만한 곳이 없어 감영에 속한 이들과 각 고을에서 오가는 사령들의

불만이 점점 커졌다. 결국 8년 후인 1653년에 관찰사 강백년이 다시 공주 도심 안의 옛 감영 자리로 이전했다. 이것이 세 번째 이전이다.

이때 이전에 앞서 감영을 대대적으로 복원했다. 산성감영으로 옮기면서 청사만을 남기고 나머지 건물은 모두 철거해 산성으로 옮겼기 때문에 구영으로 돌아오기 전에 복원해야 했다. 새로이 구영을 복원하는 데 든 경비는 감영에서 환곡의 출납을 절약해 마련했다. 기와와 벽돌은 재목과 함께 금강 상류에서 뗏목으로 날랐다고 전한다. 이 복원 공사는 1653년 겨울에 시작해 이듬해 봄에 완성했다.

네 번째 이전: 강의 범람을 피해 새 자리를 찾다

강백년 관찰사가 구영 자리에 감영을 대대적으로 복원해 이전했으나, 이 자리에는 고질적인 문제가 있었다. 구영은 대천, 즉 오늘날의 제민천 옆에 있었다. 제민천은 매년 홍수로 그 피해가 컸다. 제민천의 범람은 김부식이 지은 《삼국사기》에도 그 기록이 남아 있다.

"동성왕 13년(491) 6월, 웅천의 물이 넘쳐 수도의 200여 집이 떠내려가거나 물에 잠겼다."
"동성왕 19년(497) 6월에도 큰비가 내려 민가가 떠내려가고 무너졌다."

동성왕 때의 일을 기록한 《삼국사기》의 두 가지 기록은 모두

홍수로 금강이 불어나면 시가지를 통과하는 제민천도 범람하기 마련이었다. 사진의 가운데로
흐르는 물길이 제민천이다. (ⓒ충청남도역사문화연구원)

홍수로 왕도 웅진의 가옥이 피해를 입었다는 내용이다. 이때 웅진
물난리의 원인이 바로 제민천이었다.

이처럼 잦은 홍수 피해에 관아가 침수되어 건물의 칠이 벗겨지고
쉬이 낡고 쓰기 불편해지면서 정청에서 집무를 하기 어려운
지경이었다. 이에 충청감사는 정청인 선화당 대신에 도사都事의
처소인 피향당披香堂에 임시로 머물러 다스렸다. 이러한 사정으로
구영으로 옮긴 지 50여 년이 지날 때쯤 감영을 옮겨 짓자는 논의가
새로 시작되었다.

이 논의에서 1703년에 충청감사를 지낸 김연은 물난리

1940년대의 선화당 모습을 전하는 옛 사진. 당시 공주박물관으로 사용되고 있었다. (ⓒ공주시)

조선 후기의 관아 건축으로 웅장한 모습을 보여주는 선화당 건물. 국립공주박물관 옆 공주한옥마을 인근에 복원되었다. (ⓒ메디치미디어)

걱정은 물론 방어 기능도 완벽한 산성 안으로 다시 옮겨야 한다고 했고, 1704년에 충청감사를 지낸 이제는 무엇보다 관찰사의 업무 수행의 편리함을 고려해 서쪽 봉황산 아래로 깊숙이 옮겨야 한다고 주장했다. 조정에서는 결국 이제의 손을 들어주었다. 그러나 실제로 감영의 이전 공사는 1706년 이언경 감사가 착공해 1707년 허지 감사에 의해 완공되었다. 이로써 공산성과 구영을 각각 두 차례씩 오가던 충청감영은 현재의 공주사대부고 터에 자리 잡으면서 1932년 일제강점기에 대전으로 충청남도청을 옮기기 전까지 충청도의 최고 관청으로서 역할을 수행했다.

하지만 조선 말기와 일제강점기를 지나는 동안 과거 충청도의 최고 관청이었던 감영은 수난을 겪으며 그 자취를 찾기 힘들 정도로 훼손되었다. 특히 두 차례나 감영이 있었던 구영 터는 문헌이나 지도에서 위치를 확인할 만한 자료가 없고, 공주 구도심에 빼곡하게 들어선 주택 때문에 발굴조사도 어려워 아직 그 위치를 확인하지 못해 아쉬움이 크다. 또한 도청 이전으로 감영 건물들이 자취도 없이 사라짐으로써 역사적으로 호서 중심 도시의 위용을 제대로 확인할 수 없는 것도 안타깝다. 그나마 백제시대의 왕성이자 한때 호서의 최고 관청이 들어섰던 공산성이 대한민국 사적 제12호이자 유네스코 세계유산으로 등재되었다는 사실로 아쉬움을 달랜다. 감영의 흔적은 희미하지만 공산성의 위풍당당한 모습을 볼 수 있어 다행이다.

충청도, 너의 이름은?

충청도는 언제부터 충청도라 불렸을까? 현재의 충청남·북도와 세종특별 자치시, 대전광역시를 아우르는 지역은 시대에 따라 여러 이름으로 불렸다.

995년(성종 14) 고려 성종은 지방에 10도를 설치하면서 지금의 경기도 일부를 '관내도關內道', 지금의 충북에 해당하는 지역을 '중원도中原道', 지금의 충남에 해당하는 지역을 '하남도河南道'라 했다. 관내도는 양주와 광주가 중심이었으며, 중원도는 충주와 청주, 그리고 하남도는 공주와 지금의 홍성에 해당하는 운주運州가 중심이었다. 지금의 경기 남부와 강원 일부, 충청도의 대부분에 해당하는 지역이 이 3개 도에 포함되었다.

그러다 1106년(예종 1) 예종이 10도를 5도로 고치면서 이 3개 도를 '양광충청주도楊廣忠淸州道'로 통합했다. 이후 1171년(명종 1)에 2개로 나뉘었다가 1314년(충숙왕 1)에 다시 합쳐 '양광도楊廣道'라 했고, 1356년(공민왕 5) 공민왕이 충청도로 이름을 고치면서 처음으로 지금의 이름이 나왔다. 태조 이성계가 조선을 개국할 무렵에는 다시 양광도라 불렸는데, 1395년(태조 4)에 태조가 한양으로 천도하면서 양주와 광주가 모두 경기에 속하자 나머지 지역의 이름을 충청도 지었다.

도의 이름은 해당 지역에서 가장 큰 고을인 대읍大邑 이름의 앞 글자를 따서 지었다. 고려시대 '양광도'라는 이름은 '양주'와 '광주'의 앞 글자를 딴 것이고, 조선 태조 때 양주와 광주가 경기에 포함되자 그 다음으로 큰 읍이던 '충주'와 '청주'의 앞 글자를 조합하여 '충청도'라 했던 것이다.

이러한 작명 방식에 따라 도의 이름이 자주 바뀌었다. 조선시대의 사서를 보면 지금의 충청도에 해당하는 지역이 공충도, 홍공도, 청공도, 청홍도 등 여

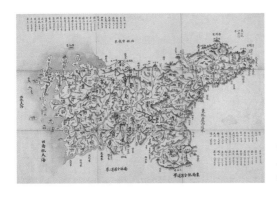

충청도의 옛 모습을 보여주는 고지도. 산과 물길, 고을들 위치가 잘 담겼다. (ⓒ서울대학교 규장각)

러 이름으로 불렸던 기록을 찾을 수 있다. 이미 짐작할 수 있듯 충주, 청주, 공주, 홍주의 앞 글자를 조합해서 만든 이름들이다.

충주, 청주, 공주, 홍주는 그 규모와 중요도 때문에 일반 군현보다 지위가 높았다. 그런 만큼 일반 군현에 파견되었던 군수와 현감보다 높은 정3품의 목사가 파견되었다. 그런데 읍의 지위는 고정된 것이 아니었다. 해당 고을에서 왕권을 위협한 역모가 일어나거나, 자식이 부모를 해치고 노비가 주인을 죽이는 등의 사건이 벌어지면 유교 질서를 위협하는 무도한 죄로 여겨 죄인이 살던 고을의 격을 낮추는 형벌을 내렸다. 지금이라면 공주시가 공주군이나 공주읍이 되는 것으로, 그 고을 사람들이 모두 벌을 받는 셈이다. 충청도의 큰 읍 청주에 사건이 발생해 처벌을 받으면 청주가 빠지고 공주와 충주를 따서 이름을 붙여 공충도라 부르는 식이었다. 그러나 강등된 지역은 보통 10년 내에 복귀되어 다시 '충청도'가 되었다. 도명이 수시로 바뀌는 동안에도 조선후기에 설치된 충청감영은 계속해서 공주에 있었다.

충청도관찰사는 금강의 '금錦'자를 따서 '금백錦伯'이라고도 했다. 이와 함께 충청감영을 '금영錦營'이라 했다. 각 도마다 지역을 상징하는 글자가 쓰여서 경기감영은 '기영', 경상감영은 '영영', 전라감영은 '완영', 강원감영은 '원영' 등 고유의 이름으로 더 자주 불렸다.

2장

수령들을 감찰하고 백성을 교화하라

〈평생도〉(10폭) 중 관찰사 부임 장면.
(ⓒ국립민속박물관)

관찰사와 감영의 변천

임금을 대신하여 정치를 펴고 백성을 교화하다

왕조 시대, 특히 유교를 국가의 통치이념으로 삼았던 조선시대에 정치란 군주가 덕을 베풀어 백성을 교화하는 일이었다. 수령이나 감사 등 조선시대 지방관들은 군주의 대리인으로서, 군주의 명령을 각 지방 백성에게 전달하고 교화를 실행하는 것이 기본 임무였다. 지금으로 치면 군수나 시장에 해당하는 수령守令은 자신이 관할하는 지역에서 직접적으로 이 일을 수행했다. 이에 비해 도지사에 해당하는 감사監司 혹은 관찰사觀察使는 관할 지역 안의 수령들이 맡은 역할을 제대로 실행하는지 감찰하는 것이 주요 업무였다. 조선시대는 이와 같은 지방관 제도를 통해 중앙집권적 정치체제를 유지했다.

이와 같은 지방 통치제제는 고려 초 현종 때 안찰사按察使 제도를 도입하며 시작했다. 안찰사는 이후 충렬왕 때 안렴사按廉使로 바뀌었고, 충선왕 때는 제찰사提察使로, 충숙왕 때에는 다시 안렴사로 바뀌었다. 이렇듯 명칭은 계속 달라졌지만 지방 수령을 '살피고 조사한다.'라는 의미는 한결같았다. 고려 말 이성계에 의해 우왕이 폐위되고 창왕이 즉위한 뒤인 1388년에 도관찰출척사都觀察黜陟使로 체제를 바꾸면서 직급이 올랐다가, 1392년(공양왕 4)에 다시 안렴사가 되었다. 이후 태조 이성계가 양위의 형식으로 조선을 세운 후부터 태종이 즉위한 1401년 사이 몇 차례 안렴사와 도관찰출척사를 오가다 그해 11월에 또다시 도관찰출척사가 됐다. 그 뒤 1414년에 북방의 양계 지방이 동북면·서북면에서 함길도·평안도로 명칭을 바꾸어 팔도체제를 갖췄고, 1417년에 이 지역에 도관찰출척사를 파견하면서 비로소 전국에 걸쳐 관찰사제를 시행했다.

이러한 과정을 통해 정비된 조선시대 관찰사는 고려시대의 안찰사나 안렴사보다 훨씬 강력한 지위를 부여받았다. 종2품 이상 대신급의 고위 관료를 그 자리에 임명하여 지방 수령을 평가하는 권위를 부여하고, 임기도 6개월에서 1년으로 연장하여 관찰사의 역할을 더욱 충실히 수행할 수 있도록 했다. 조선 후기에 이르면 임기를 2년으로 늘리고 겸목제를 시행하는 등 관찰사의 권한을 더욱 강화한다.

그렇다면 관찰사의 실제 역할은 무엇일까? 무엇보다 관찰사는 지방관을 규찰하는 일을 그 첫 번째 임무로 삼았다. 관찰출척觀察黜陟, 즉 국왕의 특명을 받은 관찰사가 도내의 여러 고을을 돌며 수령이 역할을 잘 수행하고 있는지 살펴서 1년에 두 차례 이들의 성적을 평가·보고하는 일이다. 관찰사의 보고는 지방관의 인사고과에 절대적인 기준이 되었다. 잘못이 있는 경우 임금에게 알려 징계하고, 백성을 이롭게 하는 어진 사람은 상을 받도록 했다. 이런 역할 때문에 중앙의 사찰기관인 사헌부를 '내헌內憲'이라 하고, 지방관을 규찰하는 관찰사를 '외헌外憲'이라고 했다. 관찰사의 품계를 종2품 이상으로 높인 것도 외헌의 기능을 소신껏 수행할 수 있도록 하기 위한 장치였다.

다른 하나는 최고 지방관으로서의 역할로, 중앙 조정의 일을 직접 수행하는 것이다. 관찰사가 수행하는 중앙 조정의 일은 크게 두 가지로 나눌 수 있다. 하나는 중앙정부의 일을 대리하는 것이고, 또 하나는 지방 상급 기관으로서의 일이다. 중앙정부의 일을 대리하는 것으로는 도내의 곡식을 보관하는 창고를 관리하는 감창監倉, 백성을 평안히 살게 하는 안집安集, 조세로 걷은 곡식과 공물을 한양으로 옮기는 전수轉輸, 농사를 장려하는 권농勸農 등이 이에 속한다.

지방 상급 기관으로서 수행하는 일은 관할 지역의 인재를 양성하거나 선발하고 향교를 지원하여 학문을 권장하는 관학管學, 관내의 죄인과 감옥을 관리해 법의 엄중함을 보이는 형옥刑獄, 군사의 징발 및 훈련을 실시하고 무과의 향시를 주관하는 병마兵馬 등이 있다. 특히 유사시 군사를 동원하여 외적의 침입을 막거나 역모를 진압하는 등 군 지휘관으로서의 기능을 수행하기도 했다. 이렇듯 관할 도내에서 민사와 군사에 관한 여러 일을 독자적으로 처리할 수 있도록 상당한 권한이 주어졌다.

이러한 관찰사의 역할은 "도관찰출척사 겸 감창안집전수권농관

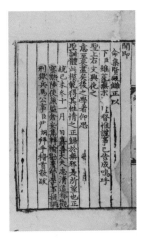

충청감영에서 발간한 책에 관찰사의 공식 직함이 적혀 있다. (ⓒ일본 도쿄 도요분코)

학제조형옥병마공사都觀察黜陟使 兼 監倉安集轉輸勸農管學事提調
刑獄兵馬公事"라는 긴 직함에 고스란히 담겨 있다.

행영에서 유영으로

감사, 외헌, 도백道伯, 방백方伯, 도선생道先生, 영문선생營門先生이라
불린 관찰사는 임진왜란과 정유재란을 기점으로 역할 수행 방식에
변화가 일어난다. 조선 전기에는 관찰사의 기본 업무인 순력을 통한
수령들의 감찰에 무게가 실렸다. 따라서 관할 지역 내 관아를 두루
찾아다니면서 업무를 집행하는 방식인 행영行營체제로 운영되었다.
그러나 후기가 되면 특정한 곳에 머물며 업무를 집행하는
유영留營체제로 전환된다. 행영도 때때로 특정한 공간을 업무
공간으로 사용하지만, 대체로 순력하는 해당 읍의 관사를 주된 업무
공간으로 취한다. 따라서 감영이 설치된 곳이어도 감사 업무를 보기
위한 공간이 언제나 따로 마련되어 있지는 않았다.

하지만 유영의 방식을 취하는 순간, 사정이 달라진다. 관찰사가
업무를 볼 공간이 절대적으로 필요하고, 거기에 종사하는 관속도
늘어나기 마련이다. 이렇게 업무 방식이 바뀌고 집무 공간이
생기면서 관찰사의 업무도 조정됐다. 그리고 관찰사의 업무가 감영을
중심으로 이루어지면서 감영이 자리 잡은 도시가 번창했으며, 그
위상 또한 높아졌다.

공주 역시 1603년 공주에 충청감영을 설치하면서부터 날로
번창하고 위상이 높아졌다. 조선 전기에는 관찰사의 업무가 순행

1870년대 공주 지방을 그린 옛 지도. 충청감영의 옛 건물을 비롯해 향교, 공산성 내 건물 등 공주의 주요 건물들 위치를 비교적 소상히 전하고 있다. (ⓒ서울대학교 규장각)

중심이고, 감영 도시는 순행을 시작하거나 순행 후 돌아와 휴식처로
잠시 머물렀던 곳이라 도시 자체가 크게 부각되지 않았다. 그러나
'공주 감영시대'가 열리고 관찰사가 공주 목사를 겸직하면서
상대적으로 감영의 역할이 커졌고, 감영 도시 공주의 위상이
달라졌다. 특히 공주는 군사요충지로서 중요한 데다, 조세 등 물산이
모이고 약령시를 비롯해 장시가 발달하면서 명실상부한 호서의 대표
도시로 떠올랐다.

　　1895년 고종의 갑오개혁 때 지방 8도를 23부제로 바꾸는
지방제도 개정에서 충청도는 공주부公州府, 충주부忠州府, 홍주부洪州府
등으로 바뀌었으며, 각각 부관찰사府觀察使가 파견되었다. 1896년에
지방제도를 다시 13도제로 바꾸면서 공주는 '충청남도'의 감영
도시가 되었고 충청남도관찰사가 파견되었다. 1910년 조선을
합병한 조선총독부는 13도제를 수용하면서 그 수장을 관찰사에서
도장관道長官으로 고쳐 불렀고, 1919년에 다시 '도지사道知事'로 고쳤다.
일제강점기에도 공주는 1932년 충남도청이 대전으로 이전하기까지
충남의 최고 행정 도시로서 기능을 수행했다.

문루 포정사와 집무실 선화당

　　그렇다면 감사가 근무하는 공간인 감영은 어떻게 구성되었을까?
먼저 왕궁이 그러하듯 감영도 유교국가의 이념을 실현하려는 의지를
건물의 명칭에 담아냈다. 감사의 집무실을 선화당宣化堂이라 했는데,
이때 '선화'란 "임금의 덕을 베풀어 백성을 교화한다宣上德而化下民."라는

의미를 담고 있다. 이 선화당이라는 명칭은 각 도 감영의 본 건물인 정청政廳에 모두 쓰였다. 감사의 가족이 거처하던 안채 건물은 '세상의 어지러움을 다스려 맑게 한다.'라는 뜻을 담아 징청각澄淸閣이라 불렀다. 선화당 북쪽에는 '관풍세속, 즉 감사가 건물에 올라 세속을 살핀다.'라는 의미를 가진 관풍루觀風樓라는 누각을 세웠다. 또한 감영의 정문에는 '어진 정사를 베푼다.'라는 뜻이 담긴 포정사布政司나 포정문布政門이라는 이름을 붙였다. 그 밖에 감영의 주요 건물은 선화당을 중심으로 좌우로 여러 채 배치되어 있었다.

감영 건물의 배치를 한눈에 알아볼 수 있는 배치도가 없어서

충청감영의 옛 정문인 포정사 문루는 공주 시내 두 곳에 복원되어 있다. 하나는 본래 충청감영터인 공주사대부고 부지 내에 있으며, 또 하나는 지금 사진 속 장소로 선화당과 함께 공주한옥마을 인근에 있다. (ⓒ메디치미디어)

봉황산 아래 충청감영터 자리에 세워진 공주사대부고. (ⓒ충청남도역사문화연구원)

정확히 파악할 수는 없으나, 1790년경 간행된 《충청감영읍지》를
참고하면 대략의 위치를 가늠해볼 수 있다. 먼저 정청인 선화당은
봉황산 밑에 우향으로 20칸 규모로 서 있었다. 그리고 선화당 북쪽에
6칸 규모의 관풍루가 있고, 가족들이 생활하는 관사인 징청각은
선화당의 서남쪽에 위치했는데, 1760년경 발간된 《여지도서》의
기록에 따르면 그 규모가 27칸으로 가장 넓은 건물이라 볼 수 있다.
선화당 섬돌 아래의 좌우에는 좌우도 호적창고가 있었고 그 앞에
내삼문이 있었다. 그리고 그 내삼문 밖에 포정문루, 즉 감영의 정문이
있었다.

호서의 중심 충청감영 공주

또 충청감영에는 관찰사 휘하 많은 관원의 집무실과 하급 관리인 영리營吏, 노비들이 거처하는 곳, 창고 등이 들어섰다. 《충청감영읍지》에는 이 건물들을 포함해 모두 18동의 관아 건물과 8동의 창고 건물이 있었다는 기록이 전한다. 그로부터 약 70년이 지난 1859년에 편찬된 《공산지》의 기록에는 관아 건물과 창고가 모두 49동 481칸이 있었다고 전한다. 이렇듯 감영의 위용은 다른 일반 고을의 관아보다 훨씬 웅장하고 화려한 모습이었다.

하지만 이 많은 전각 가운데 오늘날까지 그 자리에 제대로 전해오는 것은 하나도 없다. 1896년 충청남도와 북도로 분리되고, 또 1910년 일제강점기에 들어 도청을 신축하면서 많이 훼손되었을 것으로 짐작된다. 1932년에 충남도청이 대전으로 이전한 이후에 감영 자리는 줄곧 학교로 이용되었다. 현대화 이후 충청감영은 완전히 훼손되어 옛 모습을 찾기 어렵다. 다만, 1993년과 1994년 웅진동에 각각 선화당과 충청도포정사가 이전, 복원되면서 옛 모습을 확인해볼 수 있다. 또한 2018년 가을 봉황산 아래 옛 감영터인 공주사대부고 정문 자리에 또 하나의 충청도포정사를 복원해 역사를 기리고 있다.

1754년에 기록된 충청도관찰사 군관포폄계목. 포폄 규식을 정하고있다. (ⓒ국립중앙박물관)

백성의 평안을 책임지다

관찰사의 주요 업무, 감찰과 안집

"임천 군수林川郡守 홍사효洪思斅는 간략하고 강명하여 백성들이 편안히
여기고 이서吏胥들이 두려워해서 치적이 한 도에서 으뜸갔습니다.
충주 목사忠州牧使 이호의李好義는 부지런히 공무를 수행하였고, 은진
현감恩津縣監 정효성鄭孝成은 백성을 잘 다스리고 이서를 단속하여 모두
법제法制를 따르게 했습니다. 평택 현감平澤縣監 조수륜趙守倫은 인자하게
백성을 어루만지고, 면천 군수沔川郡守 김응성金應成은 관청을 집안처럼
다스려 공청이 일신되어 여러 고을에 으뜸갔으며, 서산 군수瑞山郡守
유민柳畋은 염초를 많이 굽고 군량을 넉넉히 준비했으니 마땅히
포상해야 할 것입니다. 그러나 일이 은전恩典에 관계되니, 상께서
재량하여 하시는 것이 어떻겠습니까?"

1612년(광해군 4) 1월 10일에 충홍 감사 박이서의 장계가 이조를
통해 임금에게 올라갔다. 도내 각 고을을 순행하며 공이 뚜렷한
관리들을 추천하며 상을 내릴 것을 임금에게 요청하는 내용이다.

이에 임금은 홍사효, 이호의에게 각기 옷감 한 벌을, 정효성, 조수륜, 김응성, 유민은 모두 승진시켜 서용하라는 명을 내렸다.

관찰사의 임무는 도내 고을을 직접 순행하고 또 그 외 여러 경로로 지역 상황을 조사해 수령들이 임무를 잘 수행하는지 확인하는 것이다. 감영에서 근무하던 각 고을 대표 향리로부터 듣는 정보를 비롯해 현장에서 감찰한 결과를 1년에 두 번 조정에 보고하여 공이 있는 자는 포상하고 과가 있는 자는 벌하도록 했다. 이때 수령들을 감찰하는 기준은 무엇이었을까? 그것은 수령으로 부임하면 반드시 지켜야 하는 일곱 가지 의무인 수령칠사다.

첫째, 농사를 일으켜 백성을 안정시키고

둘째, 주민을 철저히 파악하여 호구를 늘리는 데 힘쓰며

셋째, 학교를 일으켜 향촌 사회를 교화시키고

넷째, 군역을 바로 매기며

다섯째, 세금을 공평히 매기고 잘 걷으며

여섯째, 백성의 소송을 줄이고

일곱째, 간사하고 교활한 향리를 단속하는 것.

원래 수령의 정해진 임기는 1,800일(5년)이었다. 그러나 품계가 당상(정3품 이상)이거나 가족이 함께 지내는 것이 아니면 그 반으로 줄여주었다. 하지만 이 임기를 다 채우는 경우는 그리 많지 않았다. 그 이유는 관찰사의 평가에 따라 교체되거나 파직되었으며, 반대로 치적이 훌륭하면 포상(승진)을 받았기 때문이다.

백성을 평안하게 돌보는 임금의 대리인

"충청도의 모든 고을이 수재水災를 당하고 또 기근饑饉이 들어서 먹을
것이 없는 가정이 열에 여덟, 아홉은 되니, 청컨대 군자軍資의 묵은
황두黃豆 3,000석, 소금 1,000석과 소먹이 황두 1,000석을 더 주어서
백성의 급함을 구원하소서." 하니, 명하여 호조戶曹에 내리게 했다.
호조에서 아뢰기를, "청한 대로 한결같이 따를 수는 없으나, 그러나
본도本道는 금년에 흉년이 너무 심하여 민생民生이 가히 염려스러우니,
장 담글 황두 800석, 소먹이 콩 1,000석, 소금 300석을 주심이
옳겠습니다." 하니, 그대로 따랐다.

《세조실록》세조 11년 1월 4일의 기록에 나오는 내용이다.
1465년 충청도관찰사 김진지는 세조에게 천재지변으로 충청도가
처한 재난 상황을 알리고 구제를 요청했다. 세조가 호조에게
충청도관찰사의 청을 들어주도록 했으나, 호조는 그의 요구를 모두
들어줄 수는 없다며 축소해서 지원한다. 오늘날의 기획재정부에
해당하는 호조는 조선의 재정과 경제 정책을 총괄하고 국고와
국유재산을 관리하는 역할을 했다.
　흡사 현재의 코로나19 시대와 맞닿아 재난지원금을 논의하는
것과 비슷한 이 상황은 관찰사의 주된 업무였던 안집, 즉 백성들의
마음을 어루만지고 평안하게 하는 것이었다. 흉년·화재·수재·전염병
등과 전쟁이나 사건 사고로 발생하는 백성의 고충을 이해하고
피폐해진 삶을 걱정하는 조선시대 조정의 모습은 현재의 정부 모습과

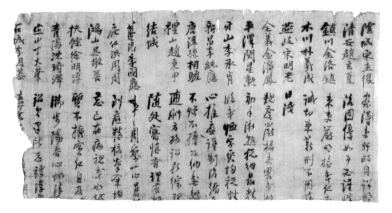

관찰사가 고을 수령들을 평가해 조정에 보고한 문서. 지역 이름과 담당 수령의 이름, 그에 대한 평가 등이 함께 담겨 있다. (©충청남도역사문화연구원)

다르지 않다.

　이렇게 천재지변으로 백성을 잃는 것은 노동력의 고갈로 이어진다. 또한 토지가 황폐해지고 경작할 백성마저 잃게 되니 소득에 합당한 세금을 거둘 수 없어 나라의 살림이 어려워진다. 이 때문에 관찰사는 백성의 삶을 돌아보고, 각 고을 수령이 농사를 일으켜 백성을 안정시킴으로써 백성을 돕는 일에 최선을 다하는지 살폈던 것이다. 관찰사는 각 고을의 수령이나 관리들의 부정과 비리를 고발하는 데도 힘썼지만, 이처럼 백성들의 처지를 살피는 일도 게을리하지 않았다.

관찰사의 과중한 업무

　1392년부터 1910년까지 조선왕조 518년 동안 이어진 모든 충청도관찰사들의 활약을 일일이 열거하긴 어렵다. 관찰사의 업무가 매우 과중한 것을 증명하듯 재직 중 갑작스럽게 죽는 이들도 있었는데 그중 1459년(세조 5) 7월 3일 부임했던 안숭효의 사례를 들 수 있다.

안숭효는 1459년에 충청도관찰사로 부임하여 탐관오리를 숙청하고, 흉년이 들자 일정한 거처가 없이 떠도는 백성을 돕는 등 진휼 사업을 펼쳐 큰 효과를 거뒀다. 그러나 이듬해인 1460년에 과로로 쓰러져 순직했다. 세조는 그의 죽음을 기려 쌀과 콩 30석과 종이 60권을 부의금으로 내렸으며, 그를 묻을 관곽棺槨을 하사하기도 했다.

관찰사 업무는 현 충청남도와 충청북도, 세종시, 대전시를 다 합친 넓은 지역의 행정·군사·사법을 책임지고 각 고을의 상황을 늘 주시해야 했으니 지금 기준으로 봐도 매우 과중한 편이었다. 마치 도청의 사무와 법원, 군대, 경찰에 더해 감찰 업무까지 한꺼번에 처리해야 하는 것과 같다.

물론, 관찰사 휘하에 많은 관원이 있으며, 군사 부문에서는 병마절도사와 수군절도사 등이 배치되어 관찰사가 홀로 모든 것을 짊어지는 것은 아니었지만, 최종 책임자로서 무거운 부담을 안는 것은 사실이었다.

그런데 이 과중한 업무에서도 가장 중요한 감사의 순력 임무가 조선 후기에는 폐단으로 지적되기도 했다. 1700년대 말에 관직생활을 했던 윤기는《무명자집無名子集》이라는 책을 썼는데, 그중 〈감사의 순력과 포폄에 대하여論監司之巡歷褒貶〉라는 글에 다음과 같은 내용이 있다.

"감사의 폐단 중에 큰 것을 들자면, 백해무익하여 잠시도 그대로 두어서는 안 되는 것이 바로 순력이다. 순력은 본디 감사가 봄가을로 도내의 각 고을을 순행하면서 민간의 풍요風謠를 관찰하고 백성의 고충을 살피며 수령의 잘잘못을 감찰하고 판결하기 어려운 송사를 처결하는 제도다.

그런데 지금은 그렇지 않아서 감사가 순력하려 할 때 미리 각 고을에 공문을 보내어 '아무 날에는 아무 고을에서 점심을 먹고, 아무 날에는 아무 고을에서 묵을 것이다.'라고 통보한다. 고을 수령과 하리들은 이를 보고 모두 벌벌 떨며 천리 길을 멀다 않고 서울로 달려가 물품을 사들여서 맛있는 진수성찬으로 다른 고을보다 앞서려 하고 안락한 비단 휘장과 깔개로 감사의 눈에 들려고 애쓴다. 이를 위해 온 고을의 재력을 거의 다 소진하니, 그 폐단은 이루 말할 수가 없다. … (중략) … 백성들은 온 힘을 다해 노력하고도 감사의 순력 행차가 당도할 때면 어김없이 길이 잘 닦이지 않고 음식이 입에 맞지 않다는 이유로 또 채찍질과 매질을 수없이 당하고 줄줄이 옥에 갇히곤 하니, 불쌍한 저 백성들은 어떻게 살아간단 말인가."

감사의 순력이 예고된 것이다 보니 각 고을 수령은 감사를 극진히 모셔 좋은 성적표를 얻으려고 수단과 방법을 가리지 않았다. 그에 따르는 엄청난 비용과 부담을 짊어지는 것은 그저 평범한 백성들이었고, 혹시 감사가 불만족스럽게 떠나가기라도 하면 백성이

보복을 당하는 상황이었다. 이를 지켜보는 눈에 '순력'은 순기능을 잃고 세상에 쓸모없는 일로 비쳐질 뿐이었다. 정약용도 "오늘날 감사의 순력은 천하의 큰 폐단이며, 이 폐단을 없애지 않는다면 부역이 번잡하고 가중되어 백성들이 모두 살 수 없게 될 것이다."라고 강하게 비판했다.

송상기의 과감한 개혁

관찰사의 잘못된 행실을 비판했지만 모두 그러했던 것은 아니다. 주어진 업무를 처리하면서도 지방 백성들의 삶을 가까이서 직접 경험하며 제도개혁의 필요성을 절감하고 추진하려 애쓴 관찰사도 있었다. 1707년(숙종 33) 충청도관찰사로 재차 부임한 송상기가 그 주인공으로, 앞서 1700년(숙종 26) 7월까지 충청도관찰사로 8개월가량 근무한 적이 있었다. 그는 맡은 바 국정을 충실히 수행하며 임금을 받들고 백성의 안위를 살피는 관리였다. 어머니의 병환으로 사직했던 그를 숙종이 1707년에 다시 부임시킬 만큼 능력을 인정받았다. 송상기는 충청감사로 재임 중 휘하의 고을을 감찰하는 과정에서 불법을 저지르거나 백성을 고통스럽게 한 공주 목사, 청주 목사, 충청 수사, 연기 현감을 교체하도록 건의해 뜻을 이뤘다. 또한 충청도에 흉년과 기근이 들고 전염병까지 돌자, 백성의 부담을 덜 수 있도록 대동세의 납부 방식을 바꿔 목화 대신 동전으로 납부할 수 있도록 했다. 그가 재직 중 겪은 일과 소회를 담아 충청감사를 사직하는 소장을 지어 임금에게 올렸는데 그중 이런 구절이 있다.

공산성 금서루 입구의 비석군은 공주와 관련된 인물들의 행적을 기리고자 세운 비석들로 공주시 곳곳에 흩어져 있던 47기의 비석을 한데 모은 것이다. (ⓒ메디치미디어)

"제가 지난번 관내를 순찰할 때, 백성들이 몰려들어 호소하면서 굶주린 자신들을 구원해달라고 하소연했습니다. 저는 참으로 위로해줄 어떤 말도 할 수 없었고 그렇다고 시행할 만한 어떤 대책도 없었습니다. 다만 근심에 젖어 부끄럽고 참담할 뿐이었습니다."

송상기는 훗날 대사헌에도 올랐는데, 그가 대사헌 자리에서 물러나며 올린 다음의 상소문에는 백성을 사랑하고 나라에 충성을 다하는 진심이 잘 담겨 있다.

"각 고을에 역호役戶와 유호游戶가 있습니다. 이른바 역호는 곧 각

고을의 양역의 부류요, 유호는 곧 사부士夫와 유생으로서 역이
없는 한유자閑遊者입니다. 우리나라 양정良丁의 수는 본래 사부 이하
한유자에게 미치지 않습니다. … (중략) … 지금 양역 가운데서 본래
2필을 바치는 자는 그 1필을 감면하고, 그 나머지 1필은 유호에게
나누는 방안을 깊이 강구하여 처리해야 되겠습니다."

　위의 상소문은 흉년과 기근의 반복으로 백성들이 엄청난 세금
부담에 허덕이던 때 쓴 것이다. 그중에서도 군역의 의무라 할 수
있는 군포(베) 2필을 납부하는 일은 백성을 더욱 고통스럽게 했는데
지배계층인 양반이 군역의 의무에서 빠져 있었기 때문이었다.
따라서 그는 양반에게도 군포를 부과하여 양민의 부담을 반으로
덜어주자는 개혁안을 제시했던 것이다. 하지만 그의 건의에 대해
다른 신하들은 아무도 동의하지 않았다. 그가 백성의 호적과 군적의
장부를 조사하여 조세의 근거를 정확히 하자는 방법까지 제시했으나
실제로 이루어진 것은 200여 년이 지난 후였다. 그는 숙종 대에
도승지, 이조·예조·형조 판서, 대제학, 대사헌 등을 맡아 활동했으며
1722년(경종 2) 소론에 의해 탄핵되어 유배지인 강진에서 세상을
떠났다(송상기는 노론에 속해 있었다). 그러나 곧 1725년(영조 1)에
관직과 작위가 복구되었다.

김홍도의 〈타작〉. (ⓒ국립중앙박물관)

국가 재정을 위해 세곡을 거두다

전수, 세곡을 거두어 경창으로 이송하는 일

관찰사에게 주어진 임무 가운데 감찰과 안집만큼 중요한 일이 중앙정부의 재정을 뒷받침하는 일인 '전수'였다. 조세로 곡식과 공물을 걷어 한양으로 옮기는 일이다. 국고를 채워 나라 재정을 튼튼하게 하는 것은 백성의 안위와 직결되었으며 국가를 유지하는 바탕이 되었다. 조선시대에는 화폐경제가 발달하지 않았기에 백성들에게 세금을 거둘 때 곡식이나 노동력, 각 지방의 특산물로 받았다. 따라서 관찰사의 임무 가운데서도 백성들로부터 거둔 곡식인 세곡과 특산물을 한양의 경창까지 안전하게 이송하는 전수 업무가 매우 중요했다.

세곡을 거두어 경창으로 보내는 길은 남한강 수로와 바닷길을 이용하는 두 가지 경로가 있었다. 먼저 남한강 수로는 강원도 오대산에서 발원해 정선과 영월을 지나 단양, 충주를 거쳐 양수리에서 북한강을 만나 서울과 서해까지 이어진다. 충주, 단양, 청풍, 제천 등 충청좌도 지역과 경상도 북부에서 거둔 세곡은 충주 남한강변에 위치한 가흥창 등에 보관했다가, 남한강 수로를 이용하여 한강의 용산 풍저창으로 옮겼다.

이에 비해 충청좌도의 청주, 충청우도의 홍주, 천안, 공주 등에서 거둔 세곡은 면천 범근천, 아산 공세곶, 직산 경양포 등의 창고로 옮겨 바닷길을 따라 강화도 앞바다를 거쳐 한강의 서강 광흥창으로 옮겼다. 이때 호남에서 거둔 세곡도 나주의 영산창이나 영광의 법성포창에서 바닷길을 경유하여 한양으로 운송했는데, 충청도를 통과하는 동안의 운송 책임은 충청도관찰사의 몫이었다.

국가의 재정을 충당하는 업무는 도내의 곡식을 보관하는 창고와 조세 관리·감독에 관한 일을 하는 감창 일과 따로 떼어 설명하기

금강이 서해 바다로 들어가기 전의 금강하구 모습. 사진 상단에 있는 것이 금강하구둑과 금강갑문교로, 오래도록 배로 오갔던 장항과 군산을 이어주고 있다. (ⓒ충청남도역사문화연구원)

어렵다. 이와 관련하여 1518년(중종 13) 충청감사로 부임한 이세응은 세곡의 집산지인 충주에 창고 없이 야외에 그대로 쌓여 있는 곡식의 관리와 운송을 위해 경상도관찰사 김안국과 의논하여 충주 가흥창 건물을 축조했다.

　한편, 바닷길을 이용하여 전라도에서 서울로 올라가려면 충청도 서해안을 지나야 했다. 불규칙하고 복잡하며 굴곡이 심한 서해의 리아스식해안은 물의 흐름이 안정적이지 않아 계속해서 지나는 배들이 침몰하곤 했다. 이곳을 지나는 조운선 역시 많은 피해를 입었다. 당시 조운선의 난파는 국가 손실이자 반드시 해결해야 할 난제였다. 이 문제를 해결하기 위해 1413년(태종 13)에

충청도체찰사로 부임한 우희열은 현재의 충청남도 태안의 안흥에
물길을 파고 제방을 쌓아 운하를 개통하려 했다. 물론 당시의
기술력으로는 성공할 수 없는 사업이었으나, 전수 임무를 다하기
위한 우희열의 노력은 높이 살 만하다.

중요한 만큼 까다로운 전수 업무

그 외에도 역대 충청도관찰사들이 세곡 운송에 얼마나 노력을
기울였는지 보여주는 다양한 사례가 있다. 공주에서 태어나
1755년(영조 31) 영조 때 과거에 급제하고 1771년(영조 47)에
충청도관찰사로 부임한 권도는 전라도 순천에서 올라온 세곡을
실은 배가 충청도 연안에 이르렀을 때, 선원들이 민가를 약탈했다는
보고를 받자 잡아다 목을 베라는 '효수'형을 내렸다.

1790년(정조 14)에 부임한 박종악은 이듬해 안흥 앞바다에서
조운선이 침몰하는 바람에 죄과를 심문당하는 추고 조치를 받았다.
전라도 영광에 있는 법성창法聖倉에서 올라온 배 4척이었는데
예정보다 늦게 도착한 데다 과적이 문제였다. 또 익사한 사람은 없이
싣고 있던 세곡만 바닷물에 잠겨 의심을 샀다. 《정조실록》에는 이를
이렇게 기록하고 있다.

"짐을 선적하여 출발한 날짜가 있는데 이제서야 안흥 앞바다에
이르렀으니 이는 때가 지체된 것이며, 배 한 척에 싣는 1,000석의
정량 이외에 더 많은 양을 실었으니 이는 초과 선적한 것이며, 바다

가운데서 침몰하였는데도 사공은 한 사람도 익사한 사람이 없으니 이는 의심스러운 일이며, 바람이 잦아들기를 기다리지 않고 서둘러 배를 출발시켰으니 이것은 일을 소홀히 한 것이다. 이 중에 한 가지만 있더라도 법에서는 실로 용서하기 어렵다."

이 사건과 관련된 모든 인물은 강력한 처벌을 받았다. 뱃사공 중 우두머리는 목을 베는 효수형에 처하고, 책임 관리는 조운을 마치는 대로 잡아와 유배를 보냈으며, 전라도관찰사와 충청도관찰사 모두 죄를 묻도록 했다. 그리고 물에서 건진 쌀은 말려서 쓸 만한 것은 올려보내고, 썩어버린 것에 해당하는 양만큼 전라도 백성에게 다시 거두지 말 것을 당부했다.

세곡의 운송이 이렇게 어려운 일이었으니 각 도의 관찰사들은

세곡을 나르던 조운선을 복원한 모습. 목포해양유물전시관에서 볼 수 있다. (ⓒ목포해양유물전시관)

이 일로 공을 쌓기도 하고 추고를 당하기도 했다. 강과 바다를 이용해 배로 실어 나르는 조운이 육로 운송보다 더 빠르고 효율적이었으나 충청도관찰사들은 서해 앞바다의 풍랑이 심해 늘 걱정할 수밖에 없었으며, 막중한 책임이라는 부담도 안아야 했다.

호서대동법과 김육

동서고금을 막론하고 나라의 재정 확충을 위한 조세 정책은 모자라면 국가를 위태롭게 하고 과하면 백성의 고혈을 쥐어짜기 마련이다. 특히 두 차례의 큰 전란을 치르고 난 뒤 국가를 재건하는 과정에 있던 조선에서는 더욱 중요한 일이었다. 조선 후기 대동법 시행은 충청도관찰사의 지속적인 노력으로 빛을 발했으며 조세 제도를 개혁하는 데 큰 역할을 했다. 대동법 시행에 앞장서 노력한 주역이 바로 1638년(인조 16) 6월 충청도관찰사로 부임한 김육金堉이다.

> "가난한 백성이 땅을 빌려 농사를 짓고, 곡식이 여물어 가을걷이하면 그 세로 절반이나 바쳐야 하니, 나라의 세금을 마련하느라 씨앗마저 남길 수 없는 백성의 삶은 늘 굶주림의 연속이로구나. 나라님이 아니라면 대체 누가 저들의 측은한 삶을 돌아볼 수 있을꼬."

김육은 1623년(인조 원년) 충청도의 작은 고을 음성에 수령으로 부임했다. 이때 음성 현감 김육은 먹을 것이 없어 구걸하는 사람들을 자주 보았다. 양반 지주 밑에서 농사를 지어도 수확의 기쁨을 누리지 못할 만큼 세금과 소작료를 모두 바쳐야 했던 백성의 곤궁한 삶은 그에게 크나큰 숙제였다. 김육은 음성 현감으로 재직할 당시 백성의 피폐하고 곤궁한 상황을 구체적으로 나열하면서 조정에서 부세를 재촉하지 말고 요역을 감면해줄 것을 주장했다. 현감을 마치고 서울로 올라올 때 음성의 백성들은 송덕비를 세워 그의 애민정신을 기렸다.

자신이 돌보아야 할 백성을 위해서 국가의 조세 제도까지 개혁할 힘이 없던 음성 현감 김육은 그로부터 15년이 흐른 1638년(인조 16)에 드디어 충청도관찰사로 부임했다. 그는 부임하고 두 달이 지난 9월 27일에 자신이 꿈꾸었던 민생 안정을 위한 개혁의 마음을 담아 임금에게 상소를 올린다.

"선혜청宣惠廳의 대동법은 실로 백성을 구제하는 데 절실합니다. 경기와 강원도에 이미 시행하였으니 충청도에서 시행하는 데 무슨 어려움이 있겠습니까. 신이 도내 경작 면적을 모두 계산해 보건대, 매결每結마다 면포 1필과 쌀 2말씩 내면 진상하는 공물의 값과 본도의 잡역인 전선戰船, 쇄마刷馬 및 관청에 바치는 물건이 모두 그 속에 포함되어도 오히려 남는 것이 수만입니다. 지난날 권반이 감사가 되었을 때에 도내의 수령들과 더불어 이 법을 시행하려고 하다가 하지 못했습니다. 지금 만약 시행하면 백성 한 사람도 괴롭히지 않고 번거롭게 호령도 하지 않으며 면포 1필과 쌀 2말 이외에 다시 징수하는 명목도 없을 것이니, 지금 굶주린 백성을 구제하는 방법은 이보다 좋은 것이 없습니다."

선혜청은 대동법을 실시하면서 설치한 조선시대의 기관이다. 김육이 충청도에 대동법을 시행해 백성을 구제하기로 마음먹은 것은 1626년(인조 4)에 충청도관찰사로 재임했던 권반의 삼도 대동법 관련 문서를 검토해 공감한 덕분이었다. 권반은 1608년(선조 41)에 이원익李元翼이 경기도에서 시행했던 선혜법宣惠法의 영향을 받았다.

김육이 상소에서 시행하고자 한 대동법은 가구당 부과된 지방의 특산물을 바치는 공납제의 폐단을 막도록 공납을 폐하고, 대신 경작 면적에 따라 쌀로 바치게 하여 지주들의 부담을 늘리는 대신 농민의 부담을 줄이는 제도다. 이러한 대동법을 충청도에서 실시하려 했던 관찰사는 권반과 김육만이 아니었다. 권반에 뒤이어 부임했던 이경여 역시 대동법 시행을 시도했으며, 김육이 임기 중에 충청도에서 대동법을 시행하지 못하고 떠난 후에도 재차 건의해 강력히 주장했다. 이렇게 부임하는 관찰사마다 충청도에서 대동법을 시행하고자 했던 까닭은 무엇일까?

임진왜란과 병자호란을 거치며 유난히 충청도 지역의 조세 부담이 불균등했기 때문이다. 특히 오늘날의 태안·서산·당진·홍성· 예산·보령·아산의 일부 지역에 해당하는 내포 지역이 다른 지역보다 조세 부담이 심했다. 땅이 넓고 기름진 데다 두 차례의 전란에도 외적의 침입을 받지 않아 피해가 덜했으며, 해산물이 풍부하고 해로를 이용한 조운이 편리하다는 이유 때문이었다. 이러한 불균형은 전란이 끝난 뒤에도 개선되지 않았다. 1634년(인조 12)에 이루어진 토지 조사 사업인 갑술양전 실시 후에도 내포 지역의 불합리한 조세 부담은 바로잡히지 않았다. 그 결과 대동법이 실시되기 직전까지

아산시 신창면 읍내리에 있는 조선 후기 비석으로 김육의 대동법 시행을 기리고 있다. 김육은 충청도관찰사와 우의정, 영의정 등 여러 관직에 있는 동안 계속 충청도에 대동법 도입을 적극적으로 추진했다. (ⓒ충청남도역사문화연구원)

충청도는 다른 도보다 지나치게 높은 세금에 시달려야 했다. 전라도와 비교해 충청도는 같은 면적에서 대략 네 배에 이르는 공물을 바쳐야 했다.

하지만 여러 차례 대동법 시행을 건의했음에도 김육의 제안은 쉽게 받아들이지 않았다. 그가 처음 상소를 올렸던 인조가 죽고 뒤를 이어 효종이 즉위해서도 대동법 실시는 미궁에 빠지는 듯했다. 그러나 그가 영의정에 오른 1651년(효종 2) 7월, 뜻을 함께하는 이시방과 효종의 지원에 힘입어 드디어 호서대동법을 실시하게 된다.

마지막까지 대동법 시행을 염려하다

"근래에 한 사람도 국사를 담당하는 사람이 없어서 시사가 날로
잘못되어 가고 있다. 이에 대해서 대신들은 마땅히 그 책임을 면할 수
없을 것이다. 전에 대동법을 시행할 때 김 영부사가 홀로 담당하면서
뜻을 견고하게 가져 흔들리지 않아 성사시키고 말았던 것을 내가 잊지
못하고 있다. 견고하고 확고하기가 김육과 같은 사람을 얻고자 하나,
어찌 얻을 수 있겠는가."

1658년(효종 9), 79세의 나이로 세상을 떠난 김육을
안타까워하며 효종이 우암 송시열에게 남긴 말이다. 김육이
충청도관찰사로서 호서대동법의 시행을 밀어붙인 것은 비단 충청도
백성들만을 위한 것은 아니었을 것이다. 1658년, 그가 죽기 전
마지막으로 한 일은 새로 부임할 전라감사를 천거하는 일이었다.
김육은 이미 충청감사로서 호서대동법의 실무를 직접 주관한
서필원을 전라감사로 임명해줄 것을 왕에게 요청했다.
　이 일이 있은 한 달 뒤 죽음에 임박해서 올린 마지막 상소에서도
김육은 "내가 죽으면 대동법의 시행을 돕는 자가 없어서 일이 중도에
폐지될까 두렵다."라고 밝혔을 정도였다. 그가 마지막으로 당부한
일은 수십 년의 시간이 지나 마침내 현실이 되었다. 1708년, 숙종
때 전국적으로 실시된 대동법은 호서대동법의 성공적인 세칙稅則을
기준으로 만들어졌다.
　김육이 떠나고 1년 후인 1659년, 재위 10년 만에 효종도

백성을 위하는 대동법 시행에 평생을
걸었던 김육의 초상화. (ⓒ실학박물관)

세상을 떠났다. 왕이 죽은 후 그의 생애와 공적을 기리기 위해
기록된 '효종대왕 행장'에는 대동법의 시행이 불러온 백성들의 삶이
어떠했는지 이렇게 적고 있다.

"호서가 임진왜란 때에 화를 입지 않은 탓으로 대신 다른 도의 부역을
감당했었다. 따라서 그 부역이 본디 편중되었다고 일컬어졌다.
신묘년에 상신 김육의 의논을 써서 대동법을 행하게 되면서 1결에
10두씩을 거두어들여 경외京外의 비용에 이바지하게 하고 다른
요역徭役은 없게 하자 백성들이 매우 편하게 여겼다."

충청감영에 설치된 금영 측우기. 국보 제329호.
(©문화재청)

농사를 권장하고, 인재를 기르다

농자천하지대본, 농업을 장려하다

조선은 농업을 경제의 근본으로 삼은 나라였다. 따라서 위로는
임금부터 농사를 중히 여겨 경칩이 지나면 날을 골라 선농단에서
신농神農 씨와 후직后稷 씨에게 친히 제를 올려 풍년을 발원했다.
이때 제를 마치면 임금이 직접 적전籍田으로 나아가 밭을 갈고,
그 뒤에 세자와 대소 신료에 이어 행사에 참여한 백성들이 마저
땅을 갈 때까지 기다렸다가 예를 마쳤다고 한다. 이처럼 조선은
왕이 풍년을 기원하는 제를 올리고 친경親耕의 예를 보일 정도로
농사를 중하게 여겼다. 왕이 모범을 보인 만큼 권농의 일은 8도의
수장인 관찰사 역시 전념해야 하는 일이었다. 1437년 세종대왕은
《농사직설農事直說》을 반포하며 각 도의 관찰사들에게 이렇게
당부했다.

"먹는 것은 백성에게 으뜸이요, 농사는 정치의 근본이니, 수령들이
백성에게 가까이 하는 일은 권농보다 중한 것이 없다. 만약에 수재와

가뭄, 충재蟲災, 황재蝗災 같은 재변은 하늘의 운수에서 나오는 것이니 어찌할 수가 없으나, 사람의 힘으로 할 수 있는 일이라면 의당 마음을 다 써야 할 것이다."

충재와 황재는 모두 곤충으로 인한 피해를 뜻하는데, 특히 황재는 메뚜깃과의 곤충이 농작물을 모두 먹어버리는 피해를 가리킨다. 중국은 충재와 황재로 민란이 일어나고 나라가 무너진 일도 있던 만큼 조선 땅에서 그런 일이 발생하는 것을 걱정했다. 세종은 《농상집요農桑輯要》, 《사시찬요四時纂要》, 《오곡종자피자방법五穀種子辟蚜蚄法》 등의 농서에서 읽은 해충 피해 방지 방법을 전하고, 관찰사들이 이러한 지식을 백성들에게 알려 깨우치도록 할 것을 명했다.

백성이 편안히 농사를 짓게 하는 권농의 임무는 백성의 삶과 직결되는 것이라 현장을 확인할 수 있는 관찰사에게는 매우 중요한 일이었다. 이 때문에 관찰사는 지역의 권농관으로서 그해 농사의 상황과 강우 상태 등을 살피러 고을을 순회하며 조사하고, 이를 바탕으로 그 사정을 중앙 조정에 보고했다. 또한 농지를 개간하고 측량하는 일, 둑을 쌓는 일, 새로운 농사 기술 보급 등의 업무도 수행했다. 가뭄이 오래되면 관찰사가 직접 기우제에 나서기도 했다.

농사의 과학적 관리와 금영 측우기

국가 차원의 권농은 앞서 언급한 선농단 제사, 적전에서의 친경,

그리고 농서 편찬과 새로운 종자와 농사법 보급에 그치지 않았다. 세종 때에는 농사를 과학적으로 관리하려고 세계 최초로 측우기를 발명해 보급했다. 측우기는 1441년 8월 세종 때에 발명되어 관상감과 팔도의 감영에서 처음으로 사용했다. 이는 강수량의 많고 적음이 농사에 직접적으로 영향을 끼치는 것을 깨닫고 농사를 과학적으로 관리하기 위한 방법이었다.

《세종실록》을 보면 같은 해 4월에 세자(문종)가 구리그릇을 만들어 비가 내린 양을 가늠했던 데에서 시작해 8월에 호조에서 측우기를 만들었다. 이듬해에는 다시 무쇠로 제작하고 측우대를 설치했으며, 이를 각 도에 보내어 객사 뜰 가운데에 설치하도록 했다. 이렇게 하늘에서 내리는 비의 양을 표준화된 기구로 측정한 것은 서양보다 수백 년 앞선 것이다.

사용법은 비가 측우기 안에 고이면 주척周尺을 꽂았다가 빼내어 물에 젖은 부분을 약 2센티미터 단위까지 측정하는 것이었다. 각 도의 감영에 설치한 측우기와 주척은 모두 주철로 만든 것을 사용했다. 도 이하의 군현에서는 자기나 진흙으로 구운 와기 측우기를 설치했으며, 주철 주척 대신 대나무나 나무로 측정했다. 1443년부터 수령이 고을의 농사 상황과 생산된 곡물을 심사해 등급을 정한 후 관찰사가 검토해 조정에 보고하고, 다시 임금과 육조와 의정부가 논의하여 세금 징수를 결정했는데, 이때 세금을 징수하는 중요한 기준 가운데 하나가 강우량이었다.

그러나 임진왜란 이후 약 200년 가까이 강우량을 측정하지 못하다가 1770년(영조 46) 영조대왕이 측우기를 만들라 하교하면서

다시 전국적으로 강우량을 측정했다. 영조는 어린 시절에 문종이
했던 것과 같은 실험을 해본 적이 있었고, 훗날 《세종실록》에서
측우기의 대목을 읽다가 "나도 모르게 깜짝 놀라 고쳐 앉게
되었다."라고 고백했다는 이야기가 전한다. 영조는 세종 때의 제도를
모방하여 동으로 측우기를 만들고 창덕궁과 경희궁, 관상감, 개성,
강화도, 그리고 8도에 배포했다. 그리고 감영마다 강우량 기록을
중앙에 보고하도록 함으로써 우리나라 기상관측사의 재개를 알렸다.
정조대에 수원과 광주廣州에도 추가로 설치하며 조선왕조가 끝날
때까지 우량을 측정했다.

이때 설치된 측우기는 조선시대의 공식적인 우량 측정 기구로
20세기 초 일제가 통감부를 설치해 기상관측을 시작할 때까지
사용됐다. 1770년 이후 약 140년간 서울에서 관측한 기록이 남아
있으며 현대의 관측치까지 합해 210년 이상 기록한 것으로 세계
최장의 관측 기록이라 할 수 있다.

현재 원형이 남아 있는 측우기는 공주의 '금영 측우기'가
유일하다. 전국 팔도의 감영과 한양의 궁에 설치됐던 측우기들은
모두 어디로 사라졌을까? 1910년경 경복궁 내의 관상감 측우기는
일제강점기에, 함흥과 대구감영 선화당의 측우기는 서울 측후소에서
보관 중에 한국전쟁을 겪으며 사라졌다.

충청감영의 측우기인 금영 측우기는 1837년(헌종 3)에 제작한
것이다. 이 측우기는 세 부분의 조립식으로 구성되어 있다. 몸통에
'금영 측우기'라는 이름과 함께 크기, 만들어진 년도(1837년, 헌종
3)가 써 있고 바닥에는 이를 관리할 관리자 직책인 통인通引, 급창及唱,

사령使令이 새겨져 있다. 세종
때의 제도를 그대로 따른 크기로
지금의 치수로 따지면 높이
31.9센티미터, 지름 14.9센티미터,
무게는 6.2킬로그램 정도다.

1904년 우리나라 임시 관측소
소장으로 파견된 일본인 기상학자
와다 유지는 조선에서 유럽보다
훨씬 이른 시기에 측우기가
제작된 사실에 크게 감동받고
국내에 총 5기의 측우기가 있음을
확인했다. 그리고 1915년에
관측소장을 사직하고 일본으로

선화당 앞마당에 복원된 금영 측우기.
(ⓒ메디치미디어)

돌아갈 때 측우기와 주척을 가져가 일본 기상청에 두었다.

일본에 있던 금영 측우기는 1971년 환수되어 서울 기상청으로
옮겨졌다. 우연히 한 달 후 공주박물관 뒤뜰에서 받침대가
발견되면서 금영 측우기는 보물 제561호로 지정되었다가 2020년
2월 27일 국보 제329호로 승격되었다. 조선시대 측우기 중 현재
남아 있는 것은 오직 충청감영의 금영 측우기가 유일하다. 일본에서
1923년에 또 하나의 조선 측우기를 영국에 기증했다고 하는데, 같은
때 만든 측우기라고 하나 명확하지 않다. 현재 국립공주박물관 옆
복원된 선화당 앞마당에 금영 측우기의 복제품이 전시되어 있다.

향교를 관리하고 인재를 양성하다

　나라 경제의 근본을 농업에 두었던 조선은 이념과 정치에서는 성리학에 기초를 둔 나라였다. 유교 국가인 조선은 교육으로 백성을 교화하고자 했고, 여기에 더해 유학적 소양을 심사하는 과거를 실시해 관리를 임용했다.

　그 바탕이 되는 교육제도도 시대에 따라 정비하고 변화했다. 가장 기초적인 교육기관이라 할 수 있는 서당, 국립 중등교육기관인 한양의 4부 학당과 관립 중등교육기관인 지방의 향교 그리고 국립대학격인 한양의 성균관을 통해 유학을 보급하고 교화했다. 이와 같은 교육기관에서 공부한 유생들이 생원 진사 시험을 보고, 또 문과를 통과해 관리로 등용될 수 있었다. 물론 모든 급제자가 이런 단계의 교육을 받았던 건 아니지만 나라에서는 교육 기반을 조성하는 데에 많은 노력을 기울였다.

　향교는 고려시대에 처음 국가에서 지방에 설치한 관립교육기관으로 초기에는 주로 큰 고을에만 세워졌다. 하지만 조선시대에 들어서 수령이 파견되는 모든 고을에 향교를 두었다. 지금도 지방 도시에 가면 '교동'이나 '교촌'이라는 지명을 흔히 볼 수 있는데, 그곳 인근에 '향교'가 있었던 까닭이다. 향교는 성균관과 마찬가지로 공자를 비롯한 성현들과 유학자들의 위패를 모시고, 음력 2월과 8월에 문묘에서 공자에게 지내는 제사인 석전대제를 지내며 지방민을 교육하고 교화하는 공간이었다. 향교를 운영하려면 건물 관리를 비롯해 교육을 담당한 교수관教授官과 훈도관訓導官의

후생비, 교생들의 생활에 드는 비용, 각종 의례 주관 등에 막대한
재정이 필요했고 대부분 관에서 지원했다.

관찰사는 도내 각 고을 수령이 자기 지역 향교를 잘 관리하고
있는지 평가했고, 향교의 교수를 감독하며, 교생들의 일과를 살폈다.
교생의 교육 상황은 고을 수령이 매월 말에 확인하여 관찰사에게
보고하고, 관찰사는 고을을 순행하며 시험을 치렀는데, 이를
고강이라 했다. 그리고 관찰사가 직접 주관하는 과거시험인 향시를
열어 지역의 인재를 발굴하기도 했다.

원칙적으로 향교는 양반부터 서민의 자제에 이르기까지
양인良人이면 누구나 입학해 배울 수 있었고, 신분이나 빈부의
차이 없이 공부할 수 있는 공간이었다. 향교를 통해 지방 교육을

성공시키려는 오랜 노력에도 불구하고 시간이 갈수록 향교 교육은 변질됐고, 특히 왜란과 호란 후에는 교육시스템이 망가졌다고 평가할 정도로 엉망이 됐다. 이런 어려운 상황에서 향교를 다시 정비해야 하는 책임은 막중했다. 운영재정을 마련하려고 교생면강첩이란 것을 팔기도 했다. 즉, 교생이 고강에서 떨어지면 군역 면제의 혜택이 취소되었는데 면강첩이 있으면 시험을 면제해준다는 것이었다. 또 교생을 가르치는 교원을 구하는 것도 관찰사와 수령의 몫이었다.

충청도관찰사와 인재 양성책

공주는 감영이 들어서기 전부터 목사가 수령으로 있는 큰 고을이었다. 그런 까닭에 공주향교는 충청감영이 세워지기 전부터 충청도관찰사가 많은 관심을 기울인 곳이었다. 임진왜란이 막 끝나고 전후 복구와 개혁으로 나라 안이 어지럽던 무렵, 나라의 큰 길목에 있던 공주는 다른 곳에 비해 전쟁 피해가 훨씬 심해 관리들이 공주에 파견되기를 꺼릴 정도였다. 그해 공주 목사로 부임한 김상준은 지역을 안정시키고자 여러 정책을 펼쳤는데 그중에서도 향교 교육을 우선으로 했다. 그는 관찰사 장만에게 다음과 같은 내용을 보고했다.

"병란 이후로 문교文敎가 완전히 폐지되어 후생의 선비들을 양성할 방도가 없습니다. 지금은 식량이 모자랄 때여서 요미料米를 주어 향교의 서재書齋에서 가르치기는 어렵겠으니, 각 마을마다 학문과 행실이 뛰어난 자를 뽑아 그들로 하여금 가르치게 하여야겠습니다."

이 말은 향교를 운영할 형편이 안 되니 학문을 하는 이들이
자기 마을에서 학생을 모아 가르치게 하자는 내용이었다. 관찰사는
공주 목사의 제안을 검토해 조정에 알렸고, 이에 '공주는 호서의 큰
고을'이니 특별히 문관을 뽑아 보내 교육을 전담시키기로 결정했다.

지금으로서는 상상할 수 없는 재미있는 일도 있었다.
1635년(인조 13) 충청도관찰사 박명부는 다음과 같은 상소를 올렸다.

> "소신은 공주의 유생들에게 예로부터 내려오는 관례를 본보기로
> 삼아 열흘에 한 번씩 글을 짓도록 한 후 생원과 진사를 뽑는 시험에
> 응시하도록 하였습니다. 허나, 300여 명의 유생들이 숙제도 하지
> 않으면서 감히 향시를 보겠다고 나섰습니다."

사연인즉 공주의 유생들이 지금까지 관례대로 내준 글짓기
숙제를 하지도 않고서 감히 향시를 보겠다고 하니, 이런 불성실한
이들에게는 응시 자격을 박탈하는 것이 마땅하지 않겠느냐고
왕의 판단을 구하는 내용이었다. 이 상소를 접한 인조는 서슴없이
유생들의 향시 응시 자격을 박탈해버렸다. 예조에서 한 번은
용서해줄 것을 권했으나 "국가가 하는 일이 이처럼 구차해서는 안
된다."라며 끝내 뜻을 굽히지 않았다.

그런가 하면 향교가 악용된 사례가 관찰사의 조사에 의해
밝혀지기도 했다. 1641년(인조 19) 충청도관찰사 정양필은 향교 교육
부흥을 위해 도내 향교에 이름을 올린 교생을 모두 조사해보았는데
총 4,851명이 있었다. 원래 규정인 약 2,000여 명보다 두 배가 넘는

향교에서는 매년 봄과 가을에 공자와 그 제자 및 유교 성현에게 지내는 제사인 석전제를 올린다.
(ⓒ충청남도역사문화연구원)

수준이었다. 이는 향교 교생이 누릴 혜택을 노린 이들이 몰려와 입학했기 때문으로, 향교가 공부하는 곳이 아니라 '군역을 피하는 소굴'이 되었다고 인식될 정도였다.

　공주향교는 1374년(태조 7) 웅진동 송산 기슭에 세워졌으나 1622년(광해군 14)에 화재로 불타고, 그 이듬해인 1623년(인조 1)에 지금의 공주시 교동으로 옮겨 지었다고 전한다. 그 뒤 1710년 관찰사 한배하가 명륜당을, 1813년 관찰사 원재명이 향교 전체를 중수했으며, 이후 근대 시기 향교의 정체성이 변한 후에도 공주 유림이 중심이 되어 전통을 이어가고 있다.

감영과 관찰사의 또 다른 임무, 서적 출판

조선시대에 유교를 알리고 백성을 교화하는 방법 중 하나가
서적의 출간과 보급이었다. 당시는 인쇄술에도 많은 공력이 들어갈
뿐 아니라 종이도 고가여서 필요한 경우 나라에서 직접 서적을
출판했다. 중앙의 교서관校書館, 규장각奎章閣, 내의원內醫院 등과 감영,
병영, 각 읍 등에서 필요한 서적을 출간하는 것을 관판官版이라
불렀다. 이에 반해 서원, 사찰, 문중 등에서 사적으로 출간한 것은
사판私版이라 했다. 관판 서책을 간행하는 방식은 왕명에 의한 것과
관찰사 주도로 간행하는 경우로 구분된다. 현재 확인되는 바로는
전라감영과 경상감영에서 간행한 책이 많은데, 1700년대에 들어서는
충청감영판 서책도 증가했다.

관판 서적은 현대 출판처럼 많은 양을 찍어내는 것이 아니며
판매하려는 목적이 아니었으므로 백성을 교화해 잘 다스리려는
경세제민에 필요한 삼강오륜, 소학, 사서삼경, 통감 등 성리학서가
많았다. 사판은 대부분 개인의 기록인 문집 간행이 주를 이룬다.

책을 출판하려면 일단 활자를 만들 목재와 종이가 대량으로
필요했는데 조선시대 공주의 특산물로는 종이·먹·감·대추·쏘가리·
웅어·숭어 등이 있었다는 기록으로 보아 종이와 먹, 대추나무 등
인쇄를 위한 재료가 충분했음을 알 수 있다.

종이와 먹, 나무가 있다고 출판이 가능한 건 아니다. 출판을
위해서는 목판에 글을 새기는 기술자 집단이 있어야 한다. 책을
만드는 것은 공적인 업무지만 너무 고되고 또 고도의 기술이

필요하기 때문에 이런 일에 능숙한 사찰과 승려들이 동원되었다. 조선시대에는 승려들이 나무판에 글자를 새기는 각수 작업을 반드시 해야 할 의무인 승역으로 여겨 관찰사의 명을 받아 움직였다.

충청감영에서 출간한 책들

공주에 감영이 들어섰을 당시는 왜란으로 서적과 활자가 소실되거나 약탈당한 상태였다. 따라서 중앙의 출판시스템이 사실상 마비 상태였다. 공주 감영 시대를 연 충청도관찰사 유근은 재임 중에 사서, 삼경, 주역 등 많은 경서와 역사서 및 유교 정신의 보급을 위한 《동국신속삼강행실도東國新續三綱行實圖》를 간행해 서울로 올려보냈고, 1608년에 부임한 최기崔沂는 당시 공주 목사였던 《홍길동전》의 저자 허균許筠과 함께 《유연전柳淵傳》과 《습재집習齋集》 등을 간행했다.

《유연전》은 당시 실제 일어났던 충격적인 사건 이야기를 들은 선조 임금이 백사 이항복에게 전해 짓게 한 소설이다. 총명하고 예법에 밝았던 주인공 유연의 형이 행방불명된 뒤 겪게 되는 사건으로, 형이 사라지자 친인척들이 유연이 형수와 짜고 형을 죽인 것이라 모함하여 관아에서 심판을 받게 된 사건을 다루었다. 유연은 억울함을 호소했지만 끝내 사형을 당하고 마는데, 그 후 유연의 아내가 남편의 누명을 벗기려 애쓰고 있을 때 죽은 줄만 알았던 형이 나타나 결국 유연을 죽게 만든 이들의 죄상이 드러난다는 내용이다.

이렇게 중앙으로 보내려고 간행한 서적이 있는가 하면, 관찰사가 독자적으로 간행한 경우도 있었다. 후자의 경우 대체로 개인의

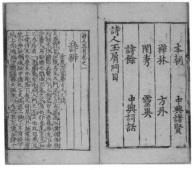

충청감영에서 출간한 책들. 상단의 《명의록明義錄》과
《속명의록續明義錄》은 중국 상하이 푸단대학이 소장하고
있다. 상단 왼편의 《속명의록》에 '금영錦營'에서
간행했다는 표시가 있다. 하단의 《시인옥설詩人玉屑》은
일본 도쿄 도요분코가 소장하고 있다.

기록인 문집이었다. 1749년에 충청도관찰사로 부임한 홍계희는 재임
중에 스승 이재가 편집한 《율곡선생전서栗谷先生全書》와 《순언醇言》,
이재가 직접 쓴 《서사윤송書社輪誦》을 간행했다. 《율곡선생전서》는
율곡 이이의 정치와 철학, 사상을 담은 책이며, 《순언》은 이이가
노자의 《도덕경》 중에서 발췌한 글에 주석을 단 우리나라
최초의 '도덕경 주석서'이다. 여기에 더해 공주의 유학자 서기의
《고청선생유고孤靑先生遺稿》와 가장 기본적인 교육용 책자인 《소학》도
간행했다.

　　이 밖에도 충청감영에는 《천의소감》 《명의록》 《흠휼전》

법주사, 대흥사, 선암사 등 전국의 다른 6개 사찰과 함께 '산사, 한국의 산지 승원'으로 유네스코
세계유산에 지정된 마곡사는 조선시대 지역 출판의 거점이자 불교미술을 선도하기도 했다. (ⓒ공주시)

《대전통편》《금체사목》《국조상례보편》 등의 책판이 있었다고
전해져 이들 책도 출판했을 것으로 보인다. 1639년 충청감사 김육에
따르면 흉년에 대처하는 법을 다룬 《구황촬요》와 《벽온방》의
합본호를 출판해 배포했다고 하며, 1786년에는 충청감사 김광묵과
남기복이 편찬한 의서 《진역방》을 출간했다고 한다. 이외에도
충청감영에서는 다수의 책이 출판되었을 것으로 보인다.

한편, 충청감영에서 간행한 책은 감영 건물 중 공고工庫라는 곳에 두고 관리했다. 그리고 공산성 안에 있는 영은사靈隱寺와 공주 중심지에서 가까운 곳에 있던 남혈사南穴寺라는 사찰을 비롯해 마곡사麻谷寺에도 감영판 서책의 책판이 보관되었다. 이를 통해 각각의 사찰에서 책을 간행했으리라 추측할 수 있다. 특히 마곡사는 조선시대에 종이를 생산해 국가에 납품했던 곳으로 인쇄가 수월했다. 이들 사찰은 모두 충청감영의 경제적 지원과 협조를 받았던 곳이란 공통점이 있다.

1800년대 말의 풍속화. 유배 가는 일행의 모습을 그렸다.
(©프랑스국립기메동양박물관)

형옥과 병마, 성곽을 관리하다

국법 시행은 공정하고 신중하게!

1445년(세종 27)의 일이다. 세종임금께서 우의정 신개, 좌찬성 하연, 좌참찬 권제, 예조판서 김종서를 불러 다음과 같이 물었다.

"내 듣건대, 어떤 감사와 수령은 나의 뜻을 몸에 새기지 아니하여 모든 옥사獄事와 송사訟事에 자상히 듣고 판단하지 않는다고 한다. 오히려 하나같이 준엄하기에만 힘써서 심지어 죄 있는 자가 벗어나고 죄 없는 자가 옥살이를 하는 일이 있다고 하니, 그 원통하고 억울함을 풀지 못하여 백성과 임금 사이에 화목한 기운을 손상하게 하는 일까지 있다고 들었다. 내 심히 이 점이 걱정되는데, 이것을 어찌 바로잡을 방법이 없겠는가. 경들이 의논해 아뢰라."

당시 세종은 지방관들이 형옥을 집행할 때 공정하고 신중해야 함에도 국법의 엄중함을 보이는 데만 급급해 백성의 억울함이 커져 원성이 높아지고 있다는 이야기를 들었던 것이다. 이에 이 자리에 있던 대신들은 한목소리로 그렇게 걱정하는 바를 감사들에게 글로 적어 명령을 내리면 조심할 것이라 조언했다. 이에 세종은 각 도의 감사에게 다음과 같은 뜻을 담은 명령서를 내렸다.

"무릇 형옥의 일은 그 잘못을 알기는 어렵고 공정을 잃기는 지극히 쉽다. 이에 내 일찍이 교서를 내려 틀림없이 알렸음에도 불구하고, 많은 고을의 여러 수령 중에 형벌을 쓰기에 공정을 잃거나 올바로 판단하는 데 어두워 무고한 백성이 부당하게 오래 옥살이하는 바람에 임금과의 사이에 화목한 기운을 상하게까지 하는 일이 생길 줄을 어찌 알았겠는가. 내 심히 걱정하노니, 감사는 이러한 내 뜻을 잘 헤아려 각 고을 수령들에게 깨우쳐 일러서 모든 옥사와 송사에 가혹함이 없게 하라. 또한 지체함이 없게 하며 공정한 마음으로 밝게 판단하도록 하여 내가 백성을 깊이 생각하는 뜻에 따르게 하라."

이렇듯 《조선왕조실록》에는 형옥의 실정을 경계하는 이야기가 자주 등장한다. 세종이 친히 경계했듯이 백성들이 원통해하는 일은 대체로 형옥에서 비롯된다. 형옥이 바르지 못하면 임금과 백성들 사이의 화목한 기운을 상하게 하고, 이는 다시 임금이 군자의 도를 펼쳐서 백성을 감화하는 일에 큰 걸림돌이 되기 쉽다. 따라서 임금의 어진 정치를 지방의 구석구석까지 미치도록 도내 수령들을 감찰해야 할 관찰사에게 형옥을 바로잡는 일은 매우 중요한 일이다.

이에 관찰사는 관내에 유배된 죄인을 비롯한 수형자와 옥사의 관리를 감독하는 일, 죄인의 억울한 죽음이나 병든 죄인에 대한

홍주읍성 안에 복원해 놓은 옥사 모습. 조선시대의 옥사는 원형 담장 안에 일자로 건물을 세우는 형태가 기본이었다. (ⓒ홍성군)

치료 여부를 살피며 옥 안에서 죄인에 대한 학대가 있었는지 등을 감찰하는 일을 담당했다. 또한 위의 사례에서와 같이 중앙 조정에서도 공정하고 신속하게 형옥을 처리하는 데 관심을 기울였기 때문에 관찰사는 순행할 때 수령들이 무고한 인명을 상하게 하거나 송사를 지체하지 않도록 주의해 살폈다. 특히 가뭄 등과 같은 재해를 당했을 때는 더욱 공정하고 신속하게 처리하여 민심을 안정시켜 나갔다.

군기를 바로잡다

관찰사는 대체로 문관 중에서 종2품 이상의 대신이 임명되었고, 그들에게는 병마, 즉 군 지휘관의 책임까지 주어졌다. 따라서 관찰사는 각 도의 병마절도사·수군절도사를 당연직으로 겸했다. 특히 따로 병마절도사와 수군절도사가 설치되어 있을 경우라도 지휘권에서 관찰사의 우위를 제도적으로 보장했다. 충청도에는 보령에 충청수영을 설치하고 전임 수군절도사를 배치했으나, 충청도관찰사의 지휘권이 우위에 있었다.

기본적으로 관찰사가 담당하는 병마 관련 업무는 군사를 징발하고, 유사시 전투에 참가하는 것이다. 여기에 각종 무과의 향시를 주관하여 초급 무관을 선발하고, 군적을 작성하고 보관하는 일도 관찰사의 주요 업무였다. 관할 지방군의 군기를 점검하고, 군대를 이끌고 진법을 연습하여 군사를 훈련하는 일도 관찰사의 몫이었다. 여기에 각 병영과 수영에 속한 각 진의 지방군을 점검하여 부족할 때 이를 채워 평소 군을 정비하고 산성 수리 등에 필요한 잡역부를 모으는 등의 일도 역시 관찰사가 책임져야 할 일이었다. 여기에 수령을 감찰하고 평가하듯이 군관의 인사를 평가하고, 군포를 징수하며, 향군鄕軍으로 뽑혀서 훈련도감의 포수 정군正軍이 된 병졸 천민을 양인으로 승격하도록 조정에 알리는 등에 관한 최종 책임을 지고 있었다.

조선시대 관찰사는 수령의 감찰부터 행정, 사법, 교화에 더해 군사 분야까지 아우르고 있었지만, 조선이 오랜 기간 평화를 유지하면서 특별히 도내 최고 군 지휘관으로서 역할이 두드러지진 않았다. 하지만 왜란이나 호란과 같은 전쟁과 반역 사건, 민란 등에서는 군 지휘관으로서의 실력을 발휘해야 했다.

특히 전란 등 나라가 어지러울 때 부임한 관찰사에 대해서는 신랄한 평가와 징계가 뒤따랐다. 임진년 이전에 이미 왜적의 침입에 대비하여 무기를 정비하고 1591년 왜란이 일어나자 왜적을 막아내다 패한 윤선각은 이 일로 파직당했다. 1592년 허욱도 서울 수복을 위해 군대를 통진과 독산성 등지로 주둔시키다가 도원수 권율로부터 내포가 풍년임에도 불구하고 군량을 변통치 못한다고 탄핵을 받아 파직당했다. 1596년 이정암은 이몽학의 난을 평정하는 데 공을 세웠으나 죄수를 임의로 처벌했다는 누명을 쓰고 파직당했다.

1636년 정세규는 조신들의 추천을 받아 4품의 산질散秩에서 충청도관찰사로 특진되었다. 그해 겨울 병자호란으로 왕이 남한산성에 포위되자 근왕병을 이끌고 포위된 남한산성을 향해 진격하다가 용인 험천에서 적의 기습으로 대패했으나, 이때의 충성심으로 패군의 죄를 면죄 받고 전라감사, 개성 유수를 거쳐 공조판서에 임명되었으며, 후에 이조판서 자리에까지 올랐다. 그는 조선시대에 과거를 보지 않고 관리에 등용되는 문음제도 출신으로 육조의 판서 자리에 오른 대표적인 인물이었다.

1639년 이후원은 민력을 무리하게 쓰지 않고 사풍을 변경시켰으며 군정을 닦는 데 힘썼고, 1646년 임담은 유탁의 모반사건을 처결해 그 공으로 품계가 오르고 토지를 하사받았다. 1650년 김경여도 군사력 배양에 힘을 쏟았으며, 1664년 이한익은 서천 천방사의 승려가 일으킨 폭동을 공주영장 양일한으로 하여금 자기 소관이 아닌 한산 임천 등지에 파견해 진압한 사실이 뒤에 조정에 보고되지 않은 것이 알려져 선천에 유배당했다.

산성 수리도 관찰사의 임무

전통적으로 우리나라는 '성곽의 나라'라고 할 만큼 고대부터 조선시대까지 성곽을 중요하게 여겼다. 중요한 요충지마다 산성을 쌓아서 변란이 벌어지면 그 지역 사람들이 산성 안에 들어가 방어하도록 하려는 것이었다. 조선 초기 영의정부사를 지낸 성석린은 태종에게 올린 '시무 20조'의 첫 머리에서 "조선 사람은 지리적으로 험한 곳에 산성을 쌓고 그 안에 노인과 어린이를 숨긴 후 봉화를 올려 정보를 교환하다 적이 이동하는 샛길로 출격한다."라며 산성의 전략적 중요성을 주장한 바 있다. 이에 정승들은 예전에도 여러 번 산성을 새로 쌓아 올리거나 망가진 곳을 보수하여 외적의 침입을 피한 일이 있으니 각 도의 관찰사에게 명을 내려, 농한기 때마다 백성을 불러 미리 방비하여 튼튼하게 만들자고 의견을 모았다.

바로 이 산성의 관리 또한 관찰사의 일이었다. 관찰사는 팔도 곳곳 자기가 맡은 도의 험준한 산에 성을 쌓고 때때로 보수하는 일을 해야 했다. 역대 충청도관찰사들도 산성을 수축하는 일을 중요하게 여겼으며, 앞서 말했듯 임진왜란 막바지에 공산성을 수축하려다 중단되었던 것을 유근이 부임해 낡고 헌 상태를 손질하여 고치고 내부로 감영을 옮겼던 일도 있었다. 그로부터 20여 년 뒤에 1623년에 재임했던 신감도 공산성을 수축하여 국난에 대비했다. 1662년 오정위는 성을 개축한 후 두 곳에 절을 세움으로써 성을 지키게 하는 치적을 올렸다.

관찰사들이 자신이 맡은 도의 산성을 관리한 경험은 때때로

공산성 영동루의 모습. 산세가 높은 관계로 이곳 주변은 돌로 성벽을 쌓지 않고 자연지형을 활용해 단단한 토성을 만들었다. (ⓒ메디치미디어)

국란의 위험에 놓인 왕에게도 이로운 결과를 불러왔다. 실제로 1610년에 충청도관찰사로 재임했던 정엽은 이괄의 난이 일어났을 때 인조를 공주 공산성으로 피신할 수 있도록 과감한 제안을 하기도 했다. 공주가 다시 한 번 국난의 시기에 왕이 몸을 의탁할 수 있는 곳이 된 것은 관찰사의 경험을 한 신하가 공산성의 가치를 잘 알고 있었기 때문이다.

명화적을 토벌하라

'형옥병마공사'의 일을 수행해야 할 관찰사는 조선 후기에 접어들면서 명화적과 민란을 수습하는 일에도 책임을 져야 했다. 임진왜란과 병자호란으로 이어지는 전란의 시대를 거치면서 백성들 중에는 터전을 잃고 유민이 되어 떠돌거나 도적의 무리에 합류하는 일이 잦았다. 이들은 횃불을 들고 수십 명씩 떼를 지어 다녔는데, 그 때문에 '명화적' 혹은 '화적'이라 불렸다.

1614년(광해군 5) 10월 어느 날 밤에 공주에 명화적이 나타났다. 그때의 일을 실록은 이렇게 기록하고 있다.

"병조에서 아뢰기를, 남원부의 대정 신사신申士信이 글을 올려 말하기를 군포 11동을 가지고 공주의 궁원에 도착하였는데, 밤중에 명화적이 군포 9동과 말 3필을 빼앗고 대정 5명을 찔러 죽이는 일이 발생하였다고 하옵니다. 또한, 공주 관아에 이를 보고하니, 이미 포도도장捕盜都將의 보고로 명화적이 일어난 일을 알고 있었다 하옵니다. 화적이 횡행하는데도 이를 막지 못한 충청도(당시의 명칭은 공주와 홍주를 딴 공홍도公洪道)의 감사와 병사, 공주 목사의 죄를 물으시고, 다른 도에도 모두 알리어 같은 일이 반복되지 않도록 하시옵소서."

이를 들은 광해군은 검문과 검색을 강화해 신속하게 체포하되 소요를 일으키지 말라고 답했다.

또한 1664년(현종 5) 5월 25일, 공주에서 명화적과 관련한 사건이 일어났다. 공주 영장 양일한이 명화적을 체포해 옥에 가둔 후 벌어진 사건이었다. 충청감사 이익한은 이를 영장으로부터 보고 받은 후에 다시 조정에 보고했는데, 옥에 갇혔던 화적 6인이 곧 죽는 사건이 발생했다. 조정과 대신들은 양일한과 이익한에게 책임을 물어 추문을 하도록 의견을 모았고, 현종은 이를 허락했다.

> "토포사討捕使가 도둑을 잡는 것은 마땅한 일이오나, 영장이 할 일은 아니옵니다. 죽은 도적들은 영장이 민간인의 고발로 체포한 것이니, 감사가 토포사에게 이송하도록 하여 신문하고 죄를 다스리도록 해야 함에도 오히려 영장에게 그 일을 맡겼으니 부당하다 할 것입니다. 또한 죄인들이 도둑질한 장물과 피살된 사람들을 증거로 삼아 범죄의 실상을 조사하는 등 사실을 조사하여 살피고 신문하는 형식과 절차를 지키지 않았습니다. 한 차례 추궁 신문을 받은 도적들이 며칠이 안 돼 일시에 곧바로 죽어버렸으니, 더욱 의심을 살 만합니다."

당시 우부승지 김익경은 현종에게 이렇게 말하며 관련 관리들의 행동을 포상이나 승진을 바라고 아무나 잡아다 혹독한 신문으로 거짓 자백을 받는 일에 빗대었다. 그의 말처럼 도적이 늘어난 만큼 이를 감당해야 할 관찰사의 역할과 책임은 무거워졌다.

이렇듯 관찰사는 때로는 수령을 감찰하고 백성의 소리를 가까이에서 듣는 임금의 신하로서 백성들이 평안하게 살아갈 수 있도록 보듬어주거나 보호하는 역할을 했다. 임금의 선정이 말단의 백성에게 미치도록 하고, 백성들을 먹이고 교화하는 일에 앞장서며 포정 즉, 어진 정치를 베푸는 역할을 했던 것이다.

어사와 관찰사는 무엇이 다를까?

백성의 평화와 안녕을 꾀하고자 지방 고을 수령들을 감찰하는 어사의 직무는 관찰사의 핵심 업무와 겹친다. 그러면 어사는 관찰사와 어떻게 다를까? 관찰사는 공식적이고 상시적인 지방관으로서, 임기 동안 자신이 맡고 있는 광역 행정구역을 관장하는 자리다. 이에 견줘 어사는 왕의 명령으로 특별한 임무를 띠고 지방에 파견된 임시 관직이다. 특히 어사는 고을 수령뿐만 아니라 수령들의 상관인 관찰사들까지 감찰했다. 그러나 주어진 감찰 업무 외에 다른 권한이 없는 임시 관직이라는 점이 다르다.

조선 세조 때 어사가 처음으로 등장했다. 1455년(세조 1) 세조는 백성의 사정을 살피려고 사헌부 소속의 관원인 '분대어사^{分臺御史}'를 파견했다. 분대어사는 지방 관리들의 불법과 비리를 자세히 조사해 바로잡는 역할을 했다. 당시, 지방 행정관들의 비리와 그로 인한 백성들의 고통이 얼마나 심각했는지 1456년(세조 2) 11월 세조의 명령에서 짐작할 수 있다.

"매년 바치는 공물이나 나라에서 정한 노역, 그리고 임시로 임금이 정하여 지시한 일 외에 백성을 성가시게 하는 일은 모두 금한다. 너희도 또한 나의 이 뜻을 알아서 오직 병역과 농사에만 힘쓰고 부모를 섬기며 아내와 자식을 기르는 등 생업에 안심하라. …(중략)… 만일 각 고을의 수령이 이를 어기고 난폭하게 행동하는 일이 있으면 곧장 와서 내게 고하라."

또한 팔도의 관찰사들에게 자신의 가르침을 도성과 각 고을에 방을 붙이고 가난한 마을과 외딴곳, 모든 남녀와 심지어 앞을 보지 못하는 소경까지 모

암행어사를 대표하는 인물 박문수의
초상화. 보물 제1189-1호로 지정되어 있다.
(ⓒ국립중앙박물관)

르는 사람이 없도록 널리 알리도록 했다. 만일 어느 날 갑자기 사람을 보내어
아무나 붙잡고 물었을 때 모르는 이가 있다면 관찰사에게 책임을 묻도록 했
으니, 세조의 어명은 추상같았다.

　당시 분대어사는 이몽룡처럼 누더기를 입고 자신의 존재를 숨긴 채 지방
을 돌던 암행어사가 아니었다. 행차를 숨기는 암행어사는 중종 때에 등장해
1550년(명종 5)에 공식화되었고, 임진왜란을 지나 선조 때부터 본격적으로
파견되었다. 우리가 흔히 알고 있는 정의로운 암행어사 박문수는 영조(재위
1724~1776) 대의 인물이었으며, 조선의 마지막 암행어사는 1892년(고종 29)
전라도 암행어사 이면상이다.

3장

명실상부한 호서의 중심 공주

계룡산 신원사 중악단은 조선왕조에서 산신에게 국가 차원의 제사를 지내던 세 곳 중
하나로, 상악단(묘향산)과 하악단(지리산)은 사라지고 중악단만 남아 전한다. 보물 제1293호.
(ⓒ충청남도역사문화연구원)

신령한 산 계룡에서 평안을 빌며 제를 올리다

조선의 국가 제사와 공주

태조 이성계가 성리학을 따르는 신진사대부와 함께 세운 조선은 명실공히 유교의 나라였다. 그런 한편 고래로 나라를 지키는 신을 향한 국가 제사를 중요하게 여겼다. 이에 따라 국가 제사는 왕이 제사장을 맡아 제례를 주재해야 했지만, 그 많은 의례를 왕이 모두 거행할 수는 없었다. 그래서 중요성에 따라 등급을 나누어 가장 중요한 제사만 왕이 직접 주재하고, 그 이외의 제사는 왕을 대신하는 신하들이 거행하도록 했다. 관찰사는 국왕을 대신해 지방을 통치하고자 파견된 신하였으므로 지역에서 각종 의례와 제사를 주관해야 했다. 특히 각 지역의 명산대천 등에 올리는 제사의 제관 역할이 중요했다.

천년이 넘는 시간 동안 제사의 대상도 몇 차례 바뀌어서, 조선시대의 국가 제례는 그 중요도에 따라 대사·중사·소사의 3등급으로 구분해 운영되었다. '대사'는 사직과 종묘, 즉 토지와 곡식의 신 그리고 역대 왕과 왕비에 대한 제사였다. '중사'는 풍운뢰우와 같은 자연현상, 중요한 산과 바다, 강을 비롯해 농업과 잠업, 단군과 기자, 고려 시조, 공자 등을 대상으로 한다. '소사'는 그 수가 크게 늘어서 하늘의 별과 국내 중요한 명산, 대천, 나루 등을 정했고 또 말과 목장의 번성을 위한 제사도 있었다. 이와 관련한 사항은 모두 《국조오례의》에 정해놓았다.

충청감영이 있는 공주에도 국가 제사를 지내던 곳이 두 곳 있다. 먼저 계룡산 중악단의 산신제는 명산에 올리는 제사로 소사에 해당한다. 또 하나는 금강의 수신에게 제를 올리는 웅진단터 수신제로 산신제보다 높은 등급의 중사에 해당했다.

한국인의 모든 종교가 자리한 곳, 계룡산

조선 개국 초기 유력한 새 도읍 후보지였던 계룡산은 바라보는 지점에 따라 '닭벼슬'처럼 보이기도 하고 비늘이 달린 용처럼 보이기도 한다는 뜻에서 계룡이라는 이름이 붙었다. 고려시대에 편찬한 《삼국사기》에는 통일신라의 국가 제사처로 계룡산이 등장한다. 신라는 동악-토함산, 서악-계룡산, 남악-지리산, 북악-태백산, 중악-부악산(지금의 팔공산)의 5악을 두어 국가 차원에서 제사를 올렸는데, 여기에 서악으로 계룡산을 포함한 것이다.

이처럼 신라가 5악에 대한 신앙을 중요하게 여긴 것은 삼국을 통일한 후 점령 지역에 널리 퍼진 반신라적 민심을 누르고 사회를 안정시키기 위해서였다. 5악에 대한 국가 제의는 고려시대에도 이어져 산천에 관작官爵을 주는 봉작을 행하고 관리를 파견해 제사를

계룡산의 동북쪽인 장군봉에서 서남쪽 방향을 조망한 풍경. (ⓒYoo Chung)

지냈다. 조선시대에 들어와서는 국가 제의를 더욱 정비했다. 각
지역의 주요 산에 나라를 수호하는 명산이라 하여 소사로 정하고
매년 봄, 가을에 향과 축문을 내려 제사를 올렸다. 계룡산 신당을 국가
품격에 맞게 격상해 '중악단'이라 한 것은 조선시대에 상악이 묘향산,
중악이 계룡산, 하악이 지리산이었기 때문이다.

　계룡산에 대한 제사가 이루어진 계룡산사雞龍山祠의 자리는
어디였을까. 지금은 위치를 정확히 알 수 없다.《동국여지승람》의
'계룡산사' 항목을 참고하면, 계룡산사는 공주 남쪽 40리 지점이라는

계룡산 산신제 중 유가식으로 치르는 모습. 산신제는 무가식, 불가식, 유가식으로 각각의 장소에서 치러진다. (ⓒ충청남도역사문화연구원)

기록만 있는 정도다. 최근 계룡산의 제향처를 찾고자 계룡산 정상인 천황봉을 조사했는데, 많은 기와편과 토기 조각을 발견했다. 그중에는 통일신라시대의 것과 분청사기편도 많아 통일신라 때부터 조선 전기까지 어떤 건물이 세워져 활용되었는지 알 수 있었다. 이렇게 기록과 현장의 유물로 미루어 원래 천황봉이 제향처였으나 점차 아래로 내려와 연천봉을 거쳐 지금의 신원사로 내려왔으리라 추측한다. 조선 후기 지리지에 신원이란 기록이 보이는데 아마도 그러한 연혁을 말해주는 것일지도 모른다.

　　태조가 계룡산신에게 호국백이라는 상징적인 벼슬을 내린 이후 계룡산이 나라를 지켜주는 호국적 존재라는 믿음은 조선 후기까지 계속되었다. 1860~1880년까지 신원사神院寺와 계룡산사에 대한 감영과 왕실의 지원이 이어졌으며, 1879년(고종 16)에는 계룡산사에 중악단이란 현판이 걸렸다. 1879년에 당시 명성왕후의 아들인 태자가 천연두를 앓으면서 치유를 위한 발원이 신원사 중악단에 있었던 것으로 알려져 있다.

이 시기를 전후로 명성왕후가 아낌없는 지원을 보냈다고 하는데, 이때 신원사의 이름도 나라의 신기원을 연다는 의미에서 신원사新元寺로 개칭했다고 전한다. 또한 정도령이 계룡 일대에 새로운 도읍을 정하고 새 왕조를 세운다는 《정감록》을 의식하여 계룡산 연천봉에 압정사壓鄭寺를 세워 정씨의 왕기를 누르고자 했으며, 측근을 보내 연천봉에서 왕자의 탄생을 기원하기도 했다.

한편, 1881년(고종 21)에 충청도 청풍에 살던 김상봉이란 사람이 고종에게 신령한 산에서 100일 기도를 올리자는 상소를 올렸다.

"우리나라의 백두산, 금강산, 지리산, 태백산, 계룡산 다섯 산은 나라를 수호하는 명산이니 지성으로 기도하면 나라의 명맥과 운수를 길게 할 수 있을 것입니다."

이에 고종이 "알았다."라는 답을 내려주었지만, 1903년(고종 4)에는 대한제국의 5악 제도를 새로이 정비하면서 계룡산이 빠지고 '동악-금강산, 서악-묘향산, 남악-지리산, 북악-백두산, 중악-삼각산'으로 확정됐다.

오랜 세월 이어져온 계룡산의 산신제는 안타깝게도 일제강점기를 거치며 전통 시대의 명맥이 끊어지고 민간에서 무속과 민속신앙으로 전해 내려오게 되었다. 현대 문명사회의 눈으로 보면 일개 무속신앙일 수 있지만, 역사와 문화적인 관점에서 볼 때 안타까운 일이 아닐 수 없다. 결국 많은 노력 끝에 1998년에 다시 산신제를 복원하여 지금은 매년 4월 11일과 12일 이틀에 걸쳐 산신제를 올리고 있다.

현재 계룡산의 산신제는 무속과 불교, 유교 등 세 가지 종교의 절차를 모두 따르고 있다. 처음에는 무속신앙으로 제를 올렸을 것으로 추측하고, 불교가 융성한 발전을 이루던 고려 때에는 불교의 방식으로, 조선시대에는 유교의 방식으로 지냈기 때문이다. 복원된 산신제는 첫날 새벽 6시에 공주 향교에서 유교식 산신제례로 시작해, 고마나루 웅진단 터에서 수신제 제례 후 오후에 무속의 산신굿을 올린다. 둘째 날에는 오전에 불교식 산신제, 오후에 타 지역 무형문화재 굿을 시연하는 것으로 마친다.

웅진단과 웅신단, 금강의 수신제

금강은 전북 장수군에서 발원해 약 400여 킬로미터를 흘러 서해 바다로 들어가는 큰 강이다. 강의 규모로는 대한민국에서 한강과 낙동강 다음으로 큰 강이며, 충청도 남부지방을 관통하여 하나의 문화권을 형성할 정도로 수천 년간 이곳 사람들에게 큰 영향을 미쳤다. 금강의 그 긴 노정에서도 가장 상징적 공간은 공주의 웅진, 즉 고마나루였다.

금강의 고마나루에 얽힌 슬픈 전설은 이 책의 앞부분에서

청벽산에서 바라본 금강과 청벽대교 모습. 청벽산은 금강과 어우러진 일몰이 아름다운 장소 중
하나로 꼽힌다. (ⓒ조남존)

소개한 바 있다. 아내인 자신과 두 아이를 버리고 돌아선 사내를
바라보던 암곰이 금강에 몸을 던졌다는 이야기다. 언젠가부터 금강의
고마나루를 지나는 배들이 풍랑에 뒤집히는 사고가 잦았다고 한다.
그러자 사람들은 슬픔과 원망으로 목숨을 던진 암곰의 원혼이 깃든
탓이라고 여겼다. 이후 곰 사당을 짓고 원혼을 위로하려고 매년
제사를 지냈는데 신기하게도 사고가 일어나지 않았다는 이야기가
전해 내려온다.

　　조선시대에는 웅진단熊津壇에서 금강의 수신에 올리는 제사를

중사로 삼고 국가 제사의 하나로 매년 제를 올렸다. 신라시대부터
이어져 온 산신제와 웅진단에서의 수신제가 조선시대까지
정기적으로 지내는 제사로 전통이 이어진 것이다. 이를 실증해주는
기록이 있다. 《조선왕조실록》을 살피면 태종 때에 계룡산 산신제와
함께 웅진의 수신에 제사를 지냈다는 기록이 보인다. 1413년(태종 13)
10월 5일, "내시를 보내 계룡산 신과 웅진의 신에게 제사 지냈다."

　　또한《동국여지승람》의 공주목 사우조에도 "웅진사熊津祠는 웅진
남안에 있고 신라 때는 나라에서 제를 지내던 네 방위의 강 중 '서쪽의
큰 강'으로 정하여 제사를 올리며, 조선조에는 '남쪽의 큰 강'으로
삼아 중사로서 봄과 가을에 향과 축문을 보내어 제사 지냈다."라고
기록하고 있다.

국가 제의를 거행했던 웅진단 자리는 최근 발굴조사 결과 금강변으로 밝혀졌고, 지금 '곰 사당'으로 불리는 웅신단熊神壇 자리는 공주 사람들이 따로 민간신앙으로 믿고 제사를 올리던 장소였다.

관찰사가 제관이 되어 제를 올리다

국가 행사였던 산신제와 수신제는 해당 제례가 속한 지역 관할 도의 관찰사가 국왕을 대신해 제사의 헌관을 맡아 예를 행했다. 《세종실록》에 따르면 큰 산, 바다, 큰 강에 대한 제사는 중사로서 매년 중춘과 중추 상순에 정기적으로 거행하는데, 날짜는 서운관에서 택일, 예조에 보고하고 예조가 다시 국왕과 관계기관에 통보함으로써 일률적으로 시행했다. 이때 제사에서 중요한 역할을 맡은 헌관이 바로 관찰사였다.

제물을 마련하는 등 제사에 소요되는 비용은 감영의 몫이었다. 1859년에 발행된 《공산지》의 기록에 따르면, 화폐 대신 쓰인 폐포幣布 54척에 해당하는 쌀 한 가마니 다섯 되가 웅진계룡제 비용으로 책정되었다. 제사뿐만 아니라 제사를 지내던 신원사와 웅진단의 관리와 보수도 충청감영에서 주관하는 일이었다. 충청도관찰사 심상훈은 1866년에 신원사를 보수했으며 현판도 썼다. 이렇게 관찰사가 헌관, 즉 국왕을 대신한 제관이 되고 감영에서 그 비용을 염출하여 국가 제사를 지내는 까닭은 해당 지역의 도백이 총책임자로서 국왕을 대신해 나라의 안정과 번영을 바랐기 때문이다.

고마나루에서는 국가 제사로서 수신제를 지내는 것 말고도

나라에서 제사를 주관하던 고마나루 웅진단이 있던 곳. 조선시대에는 건물이 세워져 있었지만, 지금은 그 터만 남았다. (ⓒ충청남도역사문화연구원)

다른 일이 일어나곤 했다. 임진왜란 때에 조헌을 따르는 의병 수천 명이 모여 깃발을 올리고 수신제를 지내며 결연한 각오를 새긴 장소도 고마나루였다. 또 고마나루에서는 정해진 의례뿐만 아니라 가뭄이 심하면 관찰사와 공주 목사가 기우제를 올리기도 했다. 1602년 공주에 유배왔던 조익이 남긴 《공산일기》에는 관찰사가 기우제를 올릴 때에 여러 고을의 수령이 와서 모였고 나라에서는 향과 초를 내려보냈다는 기록이 있다. 음력 5월 초 고마나루에서 기우제를 올렸던 바로 다음 날 가랑비가 내리는 신기한 일도 있었다. 그런가 하면 군대를 인솔하는 직책으로서 관찰사가 진행하는 도내 군사훈련도 고마나루에서 했다.《공산일기》의 기록에는 군병 1만 명 이상이 모여 훈련을 했고 구경꾼도 장사진을 이루었다고 한다.

현재 고마나루의 우거진 소나무 숲길 끝에는 돌담에 둘러싸인 아담한 사당이 있다. 바로 곰 사당 '웅신단'이다. 계룡산의 산신제를 복원할 때 함께 조성했으며, 1970년대에 가까운 송산리에서 곰 신상이 발견되어 고마나루 전설비를 세우고 사당 안에 모시고 있다.

마곡사 대광보전의 비로자나불 좌상과 그 뒤의 후불탱화인 〈영산회상도〉.
(ⓒ공주시)

공주 문화의 또 다른 축, 공주의 절들

핍박받는 불교를 다시 일으킨 힘

삼국시대에 불교가 우리나라에 들어온 이후 고려 때까지 불교는
국교의 지위를 누리며 번성했다. 심지어 세속에서 출가한 승려가
왕사와 국사로 봉해지면서 국가의 정치를 좌우하는 경우도 많았다.
그런 까닭에 고려 말의 신진사대부들은 불교를 몹시 못마땅하게
여겼으며, 조선을 건국한 이들은 '유교를 숭상하고 불교를
억누른다'라는 숭유억불을 국가 운영 기조로 삼았다. 조선시대에
접어들면서 불교의 위상이 곤두박질친 것이다. 불교는 이때부터
교단의 구심점도 사라졌고, 나라의 지원은커녕 승려도 조세 부담에
허덕였다. 개인 신앙으로서의 불교는 왕실부터 민간에까지 퍼져
있었지만, 나라의 법전인 《경국대전》에 승려와 관련된 조항조차
수록되지 않은 채 법적으로 존재를 부정당하는 처지였다.
　　조선은 불교에 대해 시종일관 강경한 입장과 정책을 취했다.
먼저 승려를 각종 부역에 동원했는데, 정부에서는 이들을 승군으로
조직해 신분증인 호패를 발급하고 각종 토목공사에 징발했다. 그뿐만

아니라 종이를 제작하여 상납하도록 했고, 목판인쇄 등의 고된 일도
이들에게 맡겼다. 1548년(명종 3) 공주에 방축을 쌓았는데, 승군을
부리자는 건의가 있었다. 그러자 명종은 "승려는 양식을 빌어먹는
자라서 이 같은 흉년에 힘든 일을 시킨다면 굶어 죽는 폐단이 있다.
같은 우리 백성이니 힘든 일을 시키지 말라."라며 반대하기까지 했다.
당시 유교적 소양을 가진 조정 관리들이 불교계를 어떻게 멸시하는지
알 수 있는 대목이다.

그런데 천대받던 불교계가 다시 입지를 강화할 수 있는 계기가
찾아왔다. 임진왜란과 병자호란이었다. 전 국토가 유린당하는 처참한
전쟁 상황 속에서 불교계는 자신들의 존재감을 확실히 보여줬다.
국난을 맞아 불교계가 전격적으로 일어선 것이다. 살생을 금한다는
불교의 기본 교리도 나라의 존망이 걸린 전란 속에서 잠시 접어둘
수밖에 없었다. 공주 출신의 승려 영규가 승병을 이끌고 청주에서
왜적을 물리치고, 의병장 조헌과 함께 금산에서 다시 한 번 적과
맞서다 전사했다.

선조가 묘향산에서 수도하던 휴정에게 승군을 조직할 것을
명하자, 휴정은 전국의 사찰에 격문을 띄워 5,000명의 승군을
집결시켰다. 불교계에서 큰스님이었던 휴정은 제자들로 하여금
곳곳에서 떨쳐 일어나 지역을 방어하도록 했고, 관군이 크게 패하는
상황에서도 승군이 지역을 지키며 대적하자 백성들도 승군에
의지했다. 승군은 병자호란 때도 활약상을 보였다.

전란 후에 백성의 삶 속에 다시 불교가 스며들었지만, 정작
나라는 불교의 종교 활동을 용인하지 않았다. 다만 17세기 전반

국가 통제 속에서 승군과 승직이 제도화되었을 뿐이다. 그리하여
정부는 승군을 나라에서 벌이는 각종 대규모 사업에 동원하고 국방의
요충지에 주둔시켜 산성을 쌓고 수리하는 일과 수비를 맡겼다.

산간의 사찰에 머무는 승려들 역시 이런 고된 일에서 제외되진
않았다. 각각 소재지에서 사고史庫를 지키거나 궁궐 관아 등의
공사에서 노동을 도맡았으며, 저수지와 둑의 축조 등에도 투입되었다.

승군의 의무, 성을 지키고 인쇄와 출판까지

《승정원일기》에 따르면 1630년(인조 8) 승장과 승군을 부려 주요
지역의 산성을 수축하도록 했다. 1662년에 부임한 충청도관찰사
오정위의 묘비명에는 그가 관찰사로 부임한 후 승군을 동원하여
공산성을 개축하고 두 곳에 절을 세워 성을 지키도록 했다는 기록이
있다. 이 시기는 이미 공산성에 '영은사'가 존재하던 때였으므로 절을
새롭게 세웠다기보다 기존의 절을 중수하고 승군으로 편성했다는
의미로 보인다. 학계에서는 지금은 사라진 공산성 안의 망일사가 두
개의 사찰 중 하나였을 것으로 추정한다.

또 1686년(숙종 12)에도 공주 쌍수산성(공산성)의 무너진 곳을
보수할 때 승군을 모아 일하게 했다. 이 시기 공산성의 보수를 맡았던
승군은 앞서 충청도관찰사 오정위가 성을 지키게 했던 절 가운데
하나인 영은사가 아니었을까 싶다.

그런데 부역 때문에 승군을 징발하면 정해진 기간에만 일을
시켜야 했다. 하지만 실제로는 날짜를 초과하는 경우가 흔했다.

마곡사 대광보전의 건물 안쪽 벽에 그려진 〈수월백의관음보살도〉. 흰 옷을 걸친 관음은 특히 순조로운 출산과 어린아이의 생명을 보살펴주는 믿음의 상징으로 여겨진다. (©메디치미디어)

호서의 중심 충청감영 공주

그럴 경우 추가로 급료를 지급해야 했는데, 충분한 보상을 주기가 어려웠다. 승군에게 주는 대가를 관리하려고 공산성 안에 창고를 마련했다. 이곳을 승창이라 했는데, 창고 운영을 위해 기본 재정을 갖춘 것이 1732년(영조 8)이었다. 당시 심한 흉년으로 기근이 들자 영조가 호서 지역의 실태를 조사하고자 어사 김상익을 특사로 파견했다. 그때 김상익은 승려에게 공명첩을 판매했고, 그 이윤으로 공산성 승군을 위한 기초 재정을 마련했다.

한편, 공주의 다른 주요 사찰도 충청감영의 관리를 받았다. 특히 감영의 여러 역할 중 인쇄 출판과 관련된 일에 있어서 사찰은 매우 큰 몫을 담당했다. 종이를 만들고 목판에 글자를 새겨 책을 찍어내고 제본하는 과정에서 승려들의 기술이 단연 뛰어났기 때문이다. 공주에서는 마곡사가 종이 생산의 거점이었다. 그리고 감영 인근의 남혈사 등에서는 목판에 글자를 새기는 작업을, 영은사에서는 목판을 관리하며 책을 찍어내는 임무를 주로 맡았던 것으로 보인다. 각 사찰에서 출판한 책의 종류는 매우 다양했다. 경서와 역사서를 비롯해 나라에서 널리 배포하려는 윤리 관련 서적이 많았고 개인의 문집과 족보까지 만들었다.

종이를 만들어 제본까지 가는 과정은 매우 부담스럽고 힘든 일이었다. 마곡사에서는 감영에 협조하면서도 이 어려운 의무를 벗어나려고 끊임없이 노력했고, 1790년 정조 임금의 아들 순조가 탄생하자 마곡사에서 천일기도를 올린 덕분이라 하여 종이 제작 의무를 면제받게 되었다. 그와 동시에 충청도의 우두머리 사찰(수사찰)로 지정되며 오늘날까지 그 명성을 이어오고 있다.

봄이 아름다운 마곡사와 가을이 아름다운 갑사

조선시대 내내 숭유억불로 불교는 고난의 시기를 겪었지만
그래도 면면히 그 역사를 이어왔다. 감영도시 공주 인근에는
계절마다 아름답기로 유명한 두 사찰이 있다. 봄에 아름다운
사곡면의 마곡사와 가을 경치를 최고로 치는 계룡면 계룡산의 갑사가
그곳이다.

그중에서 마곡사는 종이를 제작하여 감영에 바쳤던 절로 이미
살핀 바 있지만, 지금은 '산사, 한국의 산지 승원'으로 양산 통도사,
영주 부석사, 안동 봉정사, 보은 법주사, 순천 선암사, 해남 대흥사와
함께 2018년에 유네스코 세계유산으로 등재되면서 한국을 대표하는
문화유산으로 인정받았다. 빼어난 경관과 역사적 가치, 아름다운
문화재 등을 갖춘 천년고찰로 국제적으로 인정받은 것이다.

"절로 가는 길 옆에는 맑은 샘과 깨끗한 바위가 있어 저절로 눈길이
쏠렸다. 절 문 앞에 도착하자 석양이 지려 하면서 붉은 노을이
사방으로 흩어져 좌우의 단풍 숲이 반짝반짝 붉게 빛났다."

1699년부터 1700년에 걸쳐 충청도관찰사를 맡았던 송상기는
마곡사의 자연경관을 이렇게 표현했다. 또 이중환은 《택리지》에
무주의 무풍, 보은의 속리산, 부안의 변산, 성주의 만수동, 봉화의
춘양, 예천의 금당곡, 영월의 정동 상류, 운봉의 두류산(지리산),
풍기의 금학촌과 함께 이곳을 난세를 피할 수 있는 열 군데의 명당 즉

진입로 초반의 일주문을 지나 마곡사 경내로 들어서는 첫 번째 문인 해탈문.
(©충청남도역사문화연구원)

해탈문 안에는 기운찬 모습의 금강역사 두 분과 각각 사자와 코끼리를 탄 문수보살과 보현보살이
모셔져 있다. (©메디치미디어)

마곡사 북쪽 구역의 경내 모습.
대광보전 앞마당에 서 있는 5층석탑의
맨 위에는 원나라의 라마식 흔적이
남은 풍마동 장식이 있다. 뒷편에
보이는 대광보전 상부 기와 중에는
청기와 1편이 놓인 것을 찾을 수 있다.
(ⓒ충청남도역사문화연구원)

'십승지지'의 하나라 꼽았다.

　현재 전해지는 〈마곡사 사적입안〉이란 문서에 따르면 마곡사는
640년에 신라의 자장율사가 선덕여왕의 후원을 받아 지었다고
한다. 그러나 이도 정확한 것은 아니다. 〈마곡사연기략초〉에는
9세기에 보조선사 체징體澄에 의해 창건되었다는 이야기가 전해지기
때문이다. 이후, 1199년 고려시대에 보조국사普照國師가 중수했다는
기록은 확실하게 남아 있다. 마곡사라는 이름은 신라시대 보철화상이
마곡사에서 설법을 펼칠 때, 이를 듣고자 모인 사람들이 삼밭의
삼대가 빼곡하게 늘어서 골짜기를 이룬 것 같다 하여 '마곡사'라는
이름이 붙었다는 설이 있다.

　하지만 처음 창건할 당시 30여 칸에 이르는 대사찰이었던

마곡사도 조선시대에 있었던 두 차례의 전란을 피할 수는 없었다. 임진왜란과 병자호란을 겪으며 화재로 폐허가 되었고, 1782년에는 큰 화재가 일어나 소실되었는데, 1785년에 중건을 시작하여 1788년에 완공했다. 중건할 때마다 충청도관찰사가 지원했다는 기록이 남아 있다.

오랜 역사가 담긴 천년고찰답게 전각마다 전설과 사연이 담겨 있는 것도 흥미롭다. 대웅보전에는 싸리나무 기둥에 얽힌 저승의 염라대왕과 망자의 설화가 있다. "너는 마곡사 싸리나무 기둥을 몇 번이나 돌았느냐?" 저승에 온 망자에게 염라대왕이 이렇게 물었다. 싸리나무 기둥을 많이 돌수록 극락으로 가는 길이 가까운데, 한 번도 돌지 않았다면 지옥으로 떨어진다고 해서 이곳을 찾는 이들이 싸리나무 기둥을 돌았다는 것이다. 또한 싸리나무 기둥을 안고 돌면 아들을 낳을 수 있다는 이야기도 전해져 아들을 낳고자 하는 여인들의 손때로 기둥이 반질반질 윤이 났다고 한다.

대광보전에는 앉은뱅이가 부처님께 올릴 삿자리를 만들며 100일 기도를 올린 끝에 걸을 수 있게 되었다는 전설이 있고, 오층석탑은 나라의 기근을 3일간 막았다고 한다.

마곡사를 설명할 때 각 전각의 현판 이야기를 빼놓을 수 없다. 마곡사의 현판은 근대 서화가로 유명한 김규진의 글씨다. 대광보전의 현판은 강세황이 썼는데, 그는 당대의 유명한 화가 김홍도와 신위의 스승이기도 하다. 심검당의 현판은 정조 대의 청백리 조윤형의 글씨이며, 영산전의 현판은 세조가 마곡사에 들러 쓴 것이라고 〈마곡사 사적입안〉에 기록되어 있다.

대광보전의 현판. 대광보전은 뒤편에 위치한 대웅보전과 함께 마곡사의 중심 불전으로 보물
제802호로 지정되어 있다. 현판 글씨는 표암 강세황의 것이다. (ⓒ메디치미디어)

마곡사 국사당 내부. 1796년에 건립된 국사당은 신라~고려시대 최고의 승려 '국사'를 모신 곳이다.
지금은 '산신각'으로 이름이 바뀌었다. (ⓒ공주시)

무엇보다 마곡사의 이야기에서 빠질 수 없는 것이 백범 김구 선생과의 인연이다. 그는 1896년, 스치다 조스케土田讓亮라는 자를 명성왕후 시해에 가담한 일본인 장교라 생각해 살해한 죄로 인천형무소에 갇혔는데 탈옥하여 마곡사로 피신했다.

"사제 호덕삼이 머리털을 깎는 칼을 가지고 왔다. 냇가로 나가 삭발진언을 쏭알쏭알 하더니 내 상투가 모래 위로 뚝 떨어졌다. 이미 결심을 하였지만 머리털과 같이 눈물이 뚝 떨어졌다."

1898년 백범 김구는 원종이라는 법명을 받으며 출가했는데 당시의 심정을 《백범일지》에 이렇게 기록하고 있다. 훗날 광복이 된 후 김구는 마곡사를 다시 한 번 찾았다. 지금도 마곡사에는 그가 삭발했던 바위가 남아 있으며, 이 바위와 마곡천을 잇는 다리를 놓아 백범교라 부르고 있다.

남방화소의 화소사찰

오늘날 마곡사의 명성은 화소사찰로서도 잘 드러난다. 화소사찰이란 그림을 그리는 화승을 길러 배출하는 사찰을 말한다. 또한 수행자로서 불화를 그렸던 불교 승려와 불가에서 불화를 그린 장인들을 화사라고 했다. 이들은 조선 후기에 특수한 직업군이 되었으며, 경산화소, 북방화소, 남방화소 등 대표적인 세 화소로 화맥을 형성하며 오늘날까지 이어지고 있다. 이 중 마곡사는 남방화소로서 '계룡산 화파'라고도 불리며 불화의 역사와 전통이 깊은 화소사찰이다. 특히 정조 14년 때인 1790년부터 60여 년 동안은 실력 있는 화승들을 대거 배출했던 시기였으며, 현재 대광보전을 통해 볼 수 있는 불화만 수월백의관음보살도水月白衣觀音菩薩圖 1점, 나한도 34점, 도교 신선도 6점, 한산습득도와 나반존자도 2점, 수묵산수화 35점, 화조도 5점, 용 6점 등 마치 미술관을 방불케 한다.

마곡사가 불화소로 자리매김한 것은, 1870년부터 1920년대까지 50여 년 동안 활동했던 금호당 약효의 출현 덕분이었다. 이때부터 마곡사가 이른바 '한국 근대불화의 산실'이 되어 화사들을 배출하고 뛰어난 불화 작품들을 제작했다. 1883년 약효가 갑사 대비암의 '독성도'를 그릴 때부터는 제자 130여 명이 참여했는데, 이후 충청도 지역의 불화계를 이끄는 계룡산파 화맥으로 성장했다.

현재 약효가 참여했다고 전해지는 작품은 마곡사에 있는 불화를 비롯해 충청도와 경기도 일대에 가장 많고, 공주 마곡사 영은암과 예산 보덕사 관음암의 '칠성도'부터 마곡사 청련암의 '석가모니불도'와 공주 갑사의 '독성도', 예산 향천사의 '괘불도' 등 알려진 작품만 100여 점에 달하고 있다.

약효 스님과 함께 계룡산파 화맥을 이룬 스님으로 융파당 법융 스님이 있다. 그는 20세기 초반부터 40여 년간 활동했으며 대부분의 불화 작업을 약효 스님과 함께 작업했다. 춘화당 만총 은 약효파 2세대로 활동한 스님이며 19세기 후반부터 20세기 전반까지 활동했다. 그 외에도 보응당 문성, 호은당 정연, 남산당 병문, 20세기에 활동했던 금용당 일섭, 영성당 몽화, 1992년에

마곡사 성보박물관에서 전시 중인 불화들. (ⓒ메디치미디어)

중요무형문화제 제48호 단청장이자 2006년 제118호 불화장으로
지정된 해봉당 석정까지 이어져 내려오고 있다.

그중 석정 스님은 입적 후 자신의 몸을 해부학 연구용으로
기증했으며, 생전의 뜻에 따라 마곡사에 위패를 모셨다. 현재
2013년부터 약효 스님의 기일인 음력 7월 23일에 일섭 스님과 석정
스님의 위패와 함께 모셔 합동으로 다례제를 지내고 있다.

이후로도 배출된 약효파 화사들이 수십 명에 달해 마곡사가
전통 불화의 중요한 산실이었음을 새삼 깨닫게 한다. 조선 말기에
마곡사에 상주한 스님이 300여 명이었고, 불화를 배우고자 하는
스님들이 80여 명에 이르렀다는 기록을 정연 스님의 불모비를 통해
볼 수 있다.

헌종의 혼례 축하잔치를 기록으로 남긴 그림. (ⓒ국립중앙박물관)

왕에게 바치는 예물, 진상과 충청감영

정조가 생전복 때문에 화를 낸 까닭은?

"안면도의 온 백성이 충청수영의 도에 넘치는 닦달에 들볶이고
있으며, 인근 섬들까지 모두 그와 같은 피해를 겪고 있다고 한다.
그런데 수영에서 그리 닦달하는 까닭 가운데에 '진상에 쓸 생전복'을
바치라는 요구가 가장 심하다고 한다. 몇 해 전부터 전복을 진상하는
일을 얼마나 많이 면제하고 줄여주었는데, 감히 이에 대해 농간을
부린단 말인가! 진상용 전복을 퇴짜 놓는 일로 지난해에는 섬 백성이
수영에서 곤장을 맞고 죽은 자가 나오기까지 하였다. 조정 대신들이
해당 수사에게 공문을 보내어 어떤 경위에서 그런 일이 발생하였는지
엄하게 꾸짖어 묻고 사실대로 비변사에 보고하게 한 뒤에 초록을
올렸다. 올해에는 해당 수사는 전복이라는 이름을 가진 것들은 한
개나 반 개라도 올리지 말라. 이러한 데도 이른바 수영에서 일을 돕는
자들이 그 근처 섬들을 돌아다니며 예전처럼 백성들에게서 돈이나
재물을 뜯어내려 하다가 장차 내려갈 암행어사에게 적발된다면,
단속하지 못한 해당 수사는 의금부로 잡아다가 죄를 묻고 다시는

벼슬에 오를 수 없도록 할 것이다. 이런 내용으로 감사와 수사에게
엄하게 타일러 경계시키도록 하라."

1799년(정조 23) 5월 9일, 정조는 충청도로 암행을 떠났던
암행어사 신현이 전해 올린 보고를 듣고 화를 내며 이렇게 말했다.
정조는 한 해 전에 판부사 심환지에게서 '충청수영의 관리들이
생전복을 바치라면서 안면도와 인근 섬의 백성을 괴롭히고 재물을
뜯어내다가, 급기야 곤장을 쳐서 무고한 백성이 죽기까지 했다.'라는
보고를 받은 적이 있었다. 암행어사 신현의 보고를 받자마자 불과
한 해 전의 참담한 과거를 떠올렸던 모양이다. 그래서 "몇 해 전부터
전복을 진상하는 일을 얼마나 많이 면제하고 줄여주었는데 아직도
생전복을 진상하는 일로 백성을 괴롭히느냐"고 탄식했던 것이다.
　진상을 이유로 한 지방 관원들의 부정과 부패로 세간에는
"진상은 꼬챙이에 꿰고 인정은 바리로 싣는다."라는 말까지 생겨날
정도였다. "임금에게 바치는 물건은 꼬치에 꿸 정도로 적으나,
관원에게 보내는 뇌물은 그보다 훨씬 많다."라는 뜻이다. 백성의
고혈을 짜내면서 지방 관리들의 배를 불렸던 '진상'이 무엇인지부터
살펴보자.

왕에게 예로써 바치는 선물, 진상

"앞으로는 경외京外의 관원이 대전과 공비전에 바치는 모든 물품은
'진상'이라 일컫고, 그 나머지 각 전에는 '공상供上'이라 일컫도록

하소서."

1425년(세종 7) 2월 21일 조회에서 예조가 임금께 위와 같이
아뢰었고, 임금은 그 제안에 그대로 따랐다고 실록에서 밝히고 있다.
여기서 알 수 있듯이, '진상'은 서울과 지방의 관리가 왕이나 왕실에
예로써 바치는 진귀한 물품이나 특산물을 뜻한다.

여기서 한 가지 주의해야 할 것이 있다. 지역의 특산물을
바친다는 점에서는 진상물과 공물이 비슷해 보이지만, 진상은 지역의
특산물을 왕과 왕실에 바치는 예물이다. 강제성이 있는 선물의
성격이라 할 수 있다. 그에 비해 공물은 국가 재정 수요를 충당하려고
지역의 특산물을 바치는 것으로 지금 개념에서 보면 세금과 같다.

진상물은 다음과 같이 구분할 수 있다. 우선 국가의 각종 제사를
지낼 때 쓰이는 제물을 바치는 제향·천신진상이 있다. 다음으로는
앞서 예화에서 나왔던 것처럼 전복을 비롯해 왕실에서 사용할
식료품을 바치는 물선진상이 있고, 각궁·환도 등의 병장기와
기름종이 등의 특산품을 국왕의 행차나 명절 등에 바치는 방물진상이
있다. 또 꿀, 인삼, 살구씨 등 내의원에서 쓸 약재를 바치는
약재진상이 있으며, 전통적으로 조선 왕실에서 해오던 매사냥에
쓸 매를 응방에 바치는 응자진상이 있다. 위의 다섯 가지 외에
임시로 바치는 별진상과 개별적으로 바치는 사헌 등도 있다. 진상은
흉년이나 천재지변이 벌어졌을 때 감면하는 경우가 있긴 했지만 흔치
않았고, 그나마도 궁중의 제사용 제물은 예외가 없었다.

진상의 책임을 맡은 관리는 감사(관찰사), 병사(병마절도사)와

수사(수군절도사)였다. 이들은 각 고을로 진상품을 할당하여 거두어들였다. 이렇게 각 고을에서 거둔 진상품을 감영, 병영, 수영에 수집했고, 곳곳에 도회소를 설치해서 주변 고을의 진상품을 한데 모으기도 했다. 이렇게 모인 진상품은 감사, 병사와 수사가 내자시 등 중앙의 해당 관청에 바쳤고, 관청에서는 이를 받아 다시 궁중에 매일 조달했다. 이 과정에서 진상품으로 정해진 품목이 제때에 생산되지 못할 경우 포나 미곡을 걷어 다른 지역에서 해당 품목을 구입해 현물로 바쳐야 했다.

결국 각 고을에서 바쳐야 할 진상을 실제로 부담하는 건 일반 백성이었다. 때문에 일반 백성이 지방 특산물을 수탈당한다는 점에서 진상은 공물과 다를 바 없었다. 더욱이 현물로 납부하던 공물은

국립중앙박물관이 소장하고 있는 〈공충도병영 진상단자〉. 충청도가 공주와 충주의 이름을 딴 공충도였을 때 병마절도사가 진상품의 기록을 남긴 문서다. (ⓒ국립중앙박물관)

대동법 시행 이후 곡식으로 대신했으나 진상은 끝까지 현물로 바쳐야 했다. 이렇게 현물로 바치는 진상품은 그 품질이 최고 수준이어야 했으므로 품질 검사가 엄격했다. 그뿐만 아니라 진상품의 상당 부분이 부패하기 쉬운 식재료인 탓에 이를 조달, 관리하는 일이 까다로웠다. 이 과정에서 발생하는 관리들의 부정과 비리로 백성은 한층 더 고역을 치러야 했다. 안면도의 생전복 진상 건으로 정조가 화를 낸 것은 이런 이유 때문이었다.

이런 사정으로 본래 '진귀한 물품이나 지방의 특산물을 왕에게 바치는 예헌'을 의미했던 '진상'은 그 폐단으로 부정적인 의미가 더해져 '허름하고 나쁜 것을 속되게 이르는 말'로 사용되었다. 여기에 더해 최근에는 '못생기거나 못나고 꼴불견이라 할 수 있는 행위나 그런 행위를 하는 사람'을 가리키는 말로도 쓰인다.

조선시대 충청도의 특산품

왕에게 바치는 진상품을 《만기요람》과 《증보문헌비고》와 같은 기록에서 찾아 정리하면 다음과 같다.

날마다 바치는 품목으로는 멥쌀·기장쌀·두부콩·겨자·대구·조기·알젓·새우젓·소금·고운 소금·참기름·차로 쓸 보리·생강·황각·우무·팥죽에 쓰는 붉은 팥·꿀·배·밤·대추·호두·말린 밤·잣·감·참외·수박·살아 있는 꿩·생선 등이 있다. 또한 고기나 생선이 들어 있지 않은 반찬으로 황대두·두부콩·미역·다시마·석이버섯·감태·미역귀·참가사리·김·곤포·표고버섯·밀가루·메밀가루·참기름·껍질을 벗긴

깨·메주·생강 등을 바쳤다.

　달마다 바치는 품목으로는 곱게 간 쌀가루·밀·들기름 등과 비누 만드는 팥·바칠 때에 초잡는 두루마리·민무늬 돗자리·선을 두르는 청색의 베·김치용 소금·기름종이·등 바르는 백지·등의 심지로 사용할 씨를 뺀 면화·아홉새 백면포·양치하는 데 드는 녹새·비망기에 사용되는 다듬은 권지·큰 비·중간 비·갈퀴 등을 바쳤다. 이렇듯 그 면면을 보면 대체로 식재료와 생활에 필요한 여러 재료가 포함되어 있다.

　이러한 품목 가운데 실제로 각 지역에 할당되는 진상품은 해당 지역에서만 생산하는 최고의 특산품일 수밖에 없다. 그래서 제주에서는 말이, 바닷가 지역에선 소금이나 수산물이 진상품의 주를 이룬다. 다시 말하면 진상품은 조선시대 각 지역의 특산품이 무엇인지 알려주는 귀한 자료라 할 수 있다.

　그럼 공주에 감영을 둔 충청도의 진상품은 어떤 것들이 있었을까? 먼저 조선 전기에 편찬된 인문지리서인 《세종실록지리지》 《신증동국여지승람》에는 각 고을의 진상품이 정리되어 있다. 충청도의 경우, 농업 지대에서는 각종 곡식과 송이버섯이나 석이버섯 등 임산물이, 바다와 인접한 지역에서는 전복, 생선, 소금과 함께 다양한 수산물 종류가 써 있다. 또한, 공주는 무쇠와 구리가 토산품으로 기록되어 있기도 하다. 수작업으로 제작되는 종이, 기름종이, 모시, 그릇, 무기류 등을 진상해야 하는 고을도 많이 나온다. 조선 후기에는 충청도에서 올리는 생전복이 전국에서 가장 맛이 좋다는 평이 있으며, 조생 홍시와 생송이버섯도 서울에서

태안의 자염 만들기 재현 행사. 자염은 바닷물을 졸여서 소금을 만드는 것으로, 소금은 빠지지 않는 진상 품목 중 하나였다. (ⓒ태안문화원)

구하기 힘든 귀한 토산품이라 적혀 있다.

조선 후기에는 대동법이 실시되면서 공물의 경우 특산물 대신 쌀로 납부할 수 있었다. 따라서 특산품을 바쳐야 하는 백성의 부담이 전기보다 조금 줄어들었다. 이 때문에 조선 전기보다 후기에 진상 품목이 대폭 감소하는 것을 확인할 수 있다.

앞서 안면도에서의 일로 화를 냈던 정조는 진상으로 백성들이 겪는 고초를 줄이려고 노력했다. 그는 1776년 각종 공선 진상품의 물품 및 수량과 진상 방법을 감축·개정했으며, 관련 내용을 담은 《공선정례貢膳定例》라는 책을 발간했다. 이 책은 관계기관과 전국 8도에 반포됐고, 이에 준하여 진상을 시행하도록 했다. 이렇게

개정한 이유는 세월이 지남에
따라 각 도에서 생산되는 물품의
종류가 달라졌고, 때로는 불필요한
것이 섞여 진상되는 것을 보았기
때문이다. 정조는 이를 바로잡고자
예조와 호조에 지시하여 진상품에
대한 규례를 다시 정하고자 했다.

《공선정례》는 1776년, 정조가 각종 공선
진상품의 종류 및 수량과 진상 방법을 감축,
개정한 내용을 기록한 문헌이다.
(ⓒ서울대학교 규장각)

이를 살피면, 매월 초하룻날과
명절날 임금의 수라상에 오를
충청도 특산물로 껍데기 있는
생전복, 참조기, 조생 홍시,
생송이버섯, 생전복, 살아 있는 돼지
등이 보인다.

또한 1790년경 편찬된 《공주감영읍지》를 살피면 충청도
진상품들의 종류와 수량, 마련 방법 등을 알 수 있으며,
충청도관찰사가 새로운 부임지에 도착하여 감사의 뜻으로 올리는
도계진상의 예물 품목을 확인할 수 있다. 산 노루, 살아 있는 꿩,
소고기 또는 노루 육포, 말린 숭어, 말린 조기, 절인 웅어, 절인 숭어,
절인 전어, 잣, 꿀, 석이버섯 등이 이때 바쳐졌다. 이런 진상 품목은
지금의 충청도 특산물과 크게 다르지 않고 지역별 특성에 맞게
정해졌음을 알 수 있다.

이 밖에 화룡묵은 감영의 묵고墨庫에서 직접 제작하여 준비했고,
흑각궁을 비롯한 적마전, 편전, 대전, 통아, 궁대통개 등 활과 화살 및

화살통 등과 조총, 가위 등은 병영에서 직접 제작하여 납품했다. 한편, 충청도의 약재진상은 1월부터 10월까지 매월 진행됐다.

어진 임금의 진상과 관찰사의 고충

"충청도 감사가 공주의 속현 신풍에 거주하는 서의가 밭 갈다가 얻은 은준 한 쌍을 바쳤는데, 무게가 53냥 5전이었다. 예에 의하여 값을 쳐주라고 명하였다."

1423년(세종 5) 4월 21일의 일이다. 공주에 속한 신풍의 한 농부가 밭을 갈다 은으로 된 단지를 한 쌍 발견했는데, 이런 귀한 보물을 찾았으니 응당 나라님에게 바치는 게 예에 합당하다 하여 감사에게 바쳤고, 충청감사는 그것을 다시 임금께 올려보냈다는 이야기다. 귀한 것을 선물로 보냈고, 임금은 선례에 따라 값을 쳐주었다. 이 정도면 백성들이 감동할 만한 일화다. 《조선왕조실록》의 기록을 살펴보면 이런 특별한 진상품들이 자주 등장한다. 백성의 마음을 아는 임금은 그 마음을 가상히 여겨 상을 내리거나 적정한 대가를 지불하곤 했다.

또 이런 일도 있었다. 《공선정례》를 편찬하여 각 도의 진상품을 현실에 맞게 개정했던 정조가 1791년(정조 15) 6월에 충청도 진상품에 대해 물었다. 대동법이 실시되면서 쌀로 세금을 수취하고 있지만, 크고 작은 연회에 필요한 식재료는 충청도에서 현물로 올리고 있을 때였다. 그 때문에 혹시라도 충청도 백성에게 불편을 주고 있지는 않은지 염려하여 조정의 대신들에게 이렇게 일렀다.

"진하가 얼마나 성대한 일인가. 그러나 음식 재료의 문제로 우리
백성에게 폐단을 끼치는 것은 경사를 함께 나누는 뜻이 아니다. 묘당에
물어보도록 하라."

진하는 나라에 경사가 있을 때에 벼슬아치들이 조정에 모여
임금에게 축하를 올리던 일을 말한다. 그런 일을 진행하려면 사람과
물자가 필요하기 마련이다. 정조가 그것을 걱정하자 비변사는 이렇게
말했다. "전하의 뜻이 오로지 온 나라를 동원하여 한 사람을 봉양하지
않겠다는 데 있기 때문에 조정의 신하로서는 그저 그 미덕을 받들
따름입니다."라고 하며 참조기와 같은 것들이야 임금께서 염려하시는
바를 고려하여 대동법을 따를 수 있겠지만, 진상품 중에 생전복,
홍시, 송이는 충청도가 으뜸이라 서울에서 구할 수 없는 것이니
이 세 가지는 전례대로 현물로 보내라 하는 것이 좋겠다는 의견을
올렸다. 더불어 "나아가 도계진상은 수십 년 만에 한 번이나 있는
일이지만 물건 종류 가운데 산 노루 2마리가 있습니다. 이번에 규정을
고친 뒤에 다른 도에는 산 노루에 대한 명목은 모두 없어졌는데
충청도에만 군살로 남아 있습니다. 이 종목도 영구히 다른 것으로
대신 봉해 올리라는 뜻을 해당 관청 및 해당 도에 분부하시기를
청합니다."라고 했다. 그러자 정조는 다음과 같이 하교했다.

"호서 지방에서 산 채로 잡아서 보낸 생꿩은, 살아 있는 것을

놓아주었던 선왕의 거룩하신 덕을 본받아 곧바로 대궐 숲에 풀어준다. 그러면 날아갔다가 다시 모이고 한참 뒤에 자유롭게 날아가 버리는데, 이것이 곧 궁중의 고사가 되었다. 쓸모도 없으면서 폐단만 생기는 것이 사실 그와 같았으니, 앞으로는 도계진상에서 생꿩을 제외시키고 영구히 그대로 따르도록 하라. 육포는 소의 도살을 금하는 법이 매우 엄격하여 비록 크고 작은 연회에 있어서도 특별한 음식 재료로 쓰이는 짐승 이외에는 옛 규례에 쇠고기를 쓰지 못하게 되어 있으니, 설사

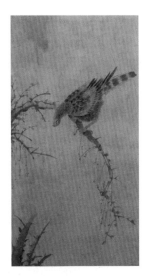

우리 민화에 등장하는 매 그림.
(ⓒ국립민속박물관)

감영 부근의 푸줏간에서 쇠고기를 올리는 일이 있다 하더라도 이것은 곧 법이 시행되지 않는 이유가 위에서부터 범하기 때문이라는 경우와 비슷하지 않겠는가. 편포도 역시 다른 물건으로 때에 따라 대신 바치게 하라."

예물로 바치는 진상으로 인한 백성의 고충을 덜어주려는 임금의 뜻이 잘 드러난 사례다. 애초에 정조가 《공선정례》를 만든 이유도 백성을 사랑하는 마음에서 출발한 것이다. 불필요하거나 지역 특성에 맞지 않은 진상품으로 고생하는 사람은 결국 백성이었으므로, 규정을 만들어 이를 투명하게 처리하고 좀 더 현실적인 진상을 할 수 있도록 하려는 것이었다. 더구나 《조선왕조실록》의 역대 왕들이 베푼 선정

아산시 영인면은 토정 이지함이 아산 현감으로 있을 당시 관아가 있던 곳으로, 현민들 스스로 토정의 선정비를 세우고, 토정이 재임 중 관아에서 죽자 부모가 죽은 것처럼 애통해했다고 한다. (ⓒ충청남도역사문화연구원)

중에는 흉년이나 가뭄, 장마를 걱정하며 진상이나 공물을 늦추거나 아예 하지 않도록 하여 백성의 부담을 덜어주려는 내용이 많았다. 특히 세종대왕의 경우 긴 비와 흉년 끝에는 꼭 이런 지시를 따로 내리며 백성과 신하의 마음을 얻곤 했다.

그래도 진상이 백성이 짊어진 무거운 짐이었던 것은 분명하다. 《토종비결》로 유명한 토정 이지함이 1578년(선조 11) 아산 현감으로 부임하면서 관할 백성에게 가장 고통스러운 일이 무엇이냐고 물었다고 한다. 이에 사람들은 하나같이 "관장이 사람들에게 번갈아 가면서 연못의 물고기를 잡아 바치라 하는데, 고기가 잡히지 않는 것이 가장 큰 고통"이라고 대답했다. 사연인즉, 진귀한 물고기를 진상하려는 관리들 때문이었다. 이에 이지함은 즉시 그 연못을

흙으로 메워버리라고 했다. 진상을 통해서 왕에게 잘 보이려는
지방관의 얕은 수를 단호하게 대처한 훌륭한 목민관의 이야기로
400년이 넘게 아산 지역에 전해지고 있다.

또한 진상은 그 책임을 맡은 관찰사에게도 쉽지 않은 일이었다.
진상품이 기준에 못 미쳐 추궁을 받거나 스스로 대죄를 하는 일이
많았던 것이다. 1736년(영조 12) 충청도에서 진상한 산 돼지 한
마리가 사옹원에 도착했는데 너무 작고 야위어 기준치에 맞지
않으니 다시 돌려보내고 충청감사와 해당 관리를 엄하게 징계하도록
했다. 1885년(철종 6)에는 조생 감이 아직 익지 않아 온양군수가
매일 감나무를 살피다 끝내 일정대로 맞추지를 못하자 충청감사가
대죄하는 글을 올리기도 했다.

1882년(고종 19) 3월, 충청도에서 왕세자의 가례를 축하하는
물선을 올릴 때 올려야 할 생전복 1,250개 중 730개만 올린 사건이
벌어졌다. 물론, 해당 읍에서 숫자를 못 맞춘 것이긴 하지만 이렇게
미납하는 것은 안 될 일이니 관련자를 엄히 징계하도록 했다. 급기야
1889년(고종 26) 8월에는 조생 홍시를 기한 안에 봉진하지 못해
충청감사 이헌직이 대죄하고, 1893년(고종 30) 9월에도 진상한
생복어가 전부 썩어버린 것을 미리 단속하지 못한 황송한 마음에
충청감사 조병호가 대죄했다고 한다.

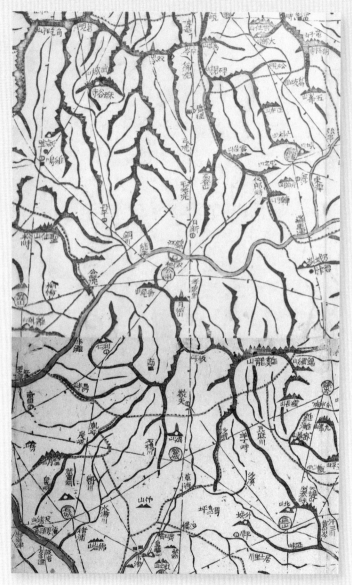

김정호의 〈대동여지도〉 중 공주와 주변 지역. (Ⓒ서울대학교 규장각)

역원과 장시

전국 구석구석까지

보통 국토를 촘촘히 잇는 도로를 신체의 혈관에 비유하는 경우가 많다. 나라의 심장에 해당하는 수도 한양에서부터 전국 각 지역의 작은 고을까지 이어진 길을 따라 온갖 소식이 전해지고 왕명이 전달되었다. 또 외세의 침략에 빠르게 대응하며 경제와 문화가 고르게 발달할 수 있다. 이 길을 따라 장꾼들이 장을 찾아다녔고 장시의 발전을 이룰 수 있었다. 조선시대에도 대로는 국가를 운영하는 대동맥 역할을 했다.

수도인 한양을 중심으로 전국으로 통하는 대로를 잇고, 대로에서 다시 중로, 소로로 지방의 주요 도시와 속속 연결했다. 이 도로는 오늘날의 고속도로-국도-지방로의 체계와 유사하다. 하지만 이 도로는 어디까지나 수백 년간 직접 사람과 물자가 오가면서 만들어진 길이다. 조선에서도 도로 관리가 가진 중요성을 잘 알았고, 당시의 조건에서 이 도로를 통하여 사람과 소식이 잘 소통될 수 있는 관리체계를 마련하여 운영했다.

신임 충청도관찰사의 부임 경로

왕을 대리하여 팔도를 관할하는 관찰사도 이 대로를 따라
부임했고, 임기를 마치고 다시 한양으로 올라가거나 또 다른 임지로
떠날 때도 이 대로를 따라 이동했다. 충청도관찰사는 《춘향전》의
주인공, 암행어사 이몽룡처럼 제8로인 호남대로 해남로를 따라
공주까지 내려왔다. 그 길은 간략히 추적해 보면 다음과 같다.

관찰사에 제수되면 조정에 나아가 왕에게 하직 인사를 하고,
임지로 떠난다. 이때 숭례문을 통해 한양을 빠져나와 동작나루를
거쳐 과천, 수원, 오산을 경유하여 평택에 도착한다. 평택에서 다시
성환역을 지나 천안의 수헐원에서 10리를 더 가면 직산 고을이다.
이곳 직산에는 전임 관찰사와 신임 관찰사 사이에 인수인계가
이루어지는 '교귀소'가 있었다. 관찰사는 수령과 달리 도의 관내로
들어서는 순간부터 업무가 시작되었다. 이를 '도계'라고 하는데,
교귀소에서 인수인계를 마치면 관찰사는 왕에게 감사의 뜻을 담아
진상을 올린다. 바로 도계진상이다. 직산에서 도계를 마친 신임
관찰사는 천안삼거리에서 김제역을 지나고 덕평에서 차령을 건너
광정역과 궁원, 모로원을 지나 공주의 임지에 도착하였다.

하지만 한양이 아닌 경상도·전라도·충청도 등 하삼도의
지방관으로 근무하다가 충청도관찰사로 제수될 경우에는 종종 왕을
뵙고 올리는 하직 인사를 생략하고 부임하기도 했다. 이 경우에는
또한 지금의 천안시 북부지역인 직산의 교귀소에서 이루어지는
인수인계나 도계진상 등은 할 수 없었다. 예를 들면 1704년 11월

20일에 충청도관찰사에 제수된 이무는 사조를 생략하고 이듬해 2월 13일에 황간에 이르렀고, 16일 금강에 이르러 교귀했다. 무주 부사로 재임하다가 1740년 5월 26일에 충청도관찰사로 제수된 조영국 역시 윤6월 13일에 연산에 도착한 후 15일에 공주에서 교귀했다. 이렇듯 상황에 따라 공주의 객사에까지 와서야 예를 행하는 경우도 간혹 있었다.

전국의 도로망과 연락망을 아우르는 역도와 역원

조선시대에는 9개의 대로를 비롯하여 전국적으로 주요 군현을 잇는 도로망을 구축하고, 이를 관리하는 역로망을 조직했다. 일례로 《세종실록지리지》에 따르면 당시 조선은 전국 44개의 역도에 538개의 역이 속해 있었다. 이때 중앙역은 병조에서, 지방역은 관찰사와 함께 파견된 찰방에 의해 관리되었다. 역과 역 사이의 간격은 대개 30리(약 12킬로미터)였다. 역에는 역마가 준비되어 있어서 나랏일로 먼 길을 떠나는 관리들에게 말을 제공했다. 이때 관리들이 말을 제공받기 위해 제시하는 패가 '마패'다. 이렇게 구성된 전국의 역도는 행정 중심지를 연결하며 교통과 통신기관으로서의 역할을 했다. 《세종실록지리지》를 보면 충청도에는 9개 역도와 61개 역이 구성되어 있었고, 조선 성종 때에 완성된 《경국대전》에는 전국의 역로망에 대해 '41역도 524역'으로 소개하고 있는데, 이 숫자는 조선 후기까지 약간의 변동만을 거치며 그대로 유지됐다.

역과 함께 여행자들에게 없어서는 안 될 곳이 바로 원院이었다.

원은 공무로 지방에 출장하는 관리들을 위한 숙박 시설이다. 역과
마찬가지로 대략 30리 간격으로 설치되었으며, 역과 역 사이에
인가가 드문 곳에서 여행객들을 맞이했다. 국왕이 지방을 순시하거나
피란길에 이용하기도 했으며, 각 도 관찰사가 고을을 순행할 때
점심을 먹거나 휴식을 취하는 곳으로도 쓰였다. 조선 후기에는
여행자에게 숙식의 편의를 제공하는 시설인 점막이 들어서기도
했다. 1530년(중종 25)에 간행된《신증동국여지승람》에는 전국에
모두 1,210개의 원이 있었으며, 충청도에는 212개의 원이 있었다고
기록하고 있다.

《춘향전》에서 이몽룡이 어사가 된 후 남원으로 내려갈 때 들른
떡점거리도 점막의 주막촌 중 하나였고, 일반인도 묵을 수 있는 원이
있던 곳에는 새로 주막촌들이 생겨 장시가 활성화됐다.《도로고》라는
책에 '신점'이라 기록된 공주 신관동 금강변의 '전막'도 그 당시 새로
주막이 생겨나 붙은 이름이다.

이렇듯 역과 원은 사람과 왕명과 장계 등이 오가는 곳으로
오늘날로 치면 도로와 통신의 역할을 담당했다. 훗날 근대적
통신제도인 우사郵舍는 기존의 역원驛院을 중심으로 신설됐으며
역원제도는 1887년(고종 24) 우사 설치 이후 사실상 폐지됐다.

역로를 따라 발달한 장시와 호서의 큰 장시

조선 후기에는 역과 원이 설치된 역로의 주요 지점을 중심으로
서서히 상업지역이 형성되기 시작한다.《만기요람萬機要覽》각전조에

"행상이 모여서 교역하고는 물러가는 것을 '장場'이라고 이른다."라고
했는데, 이때의 '장'이 곧 '시장'이다.《조선왕조실록》에 처음 등장하는
정기시장의 기록은 성종이 즉위한 원년인 1470년이다. 기록에는
'장시'를 '장문'이라 했는데 한 달에 한 번 열렸다. 17세기에 들어
정기시장인 오일장 장시가 널리 퍼졌다. 특히 대동법 시행 이후
공물을 대신해서 거둔 쌀(대동미)로 필요한 물품을 시전 및 향시에서
구입하여 납부하도록 함으로써 장시가 활성화됐다.

　　육로를 따라 거점이 되는 지역에 서는 시장 외에 또 다른 형태의
시장도 있었다. 바닷가 포구에서는 따로 장날이 정해지지 않고
계절에 따라 특산물의 거래가 대규모로 이루어졌는데, 강경이나 광천
등은 오일장의 형태를 유지하면서도 '갯벌장'이라고 하여 수시로
장이 서곤 했다. 바닥이 평평한 전통 배들을 선착장에 접안하지 않고
갯벌에 얹히는 방식으로 육지에 배를 대며 포구가 발달했는데, 이
때문에 포구 장터를 '갯벌장'이라고 했다.

　　조선시대에는 바다와 하천을 이용하여 대규모 물자를 운반하는
수운이 발달했으며, 이런 이유로 바닷가나 강변의 포구에 큰
장이 많이 분포했다. 이는 조선시대의 육로는 사람이 다니기에는
적당했으나, 수레에 대량의 물자를 싣고 지나기에는 도로의 폭이
일정하지 않아 좁고 불편한 점이 있었고, 산과 고개가 많은
우리나라의 지리적 특성상 고갯길도 많았기 때문이다.

　　그런 점에서 공주는 육로로는 호남대로의 해남로와 인접하고
수운이 가능한 금강을 끼고 있어 시장 형성에 큰 장점을 가지고
있었다. 대체로 조선 3대 시장으로 송파와 평양, 강경을 꼽지만,

공주장도 금강 뱃길의 큰 거점 시장이었기에 앞의 세 도시에 못지않았다. 바다에서 온 배는 금강 하류의 강경포구에 모였으며, 금강 중류에는 공주장, 상류에는 대평장, 갑천과 금강의 합류 지점에는 신탄진장, 유성천과 갑천이 합류하는 지점에는 유성장 등이 금강 유역에 들어선 물산의 집산지였다.

서해의 해산물은 강경포구에 모였는데, 밀물 때에는 조수를 이용하여 부여의 규암장까지도 갈 수 있었다. 강경장과 규암장의 대표 품목은 소금과 새우젓이다. 또 서해에는 험하기로 소문난 태안의 안흥량이 있었는데, 운하를 뚫는 것이 조선 왕조의 숙원이었을 만큼 난파하는 배들이 많았다. 이 때문에 남쪽의 해산물은 강경장, 북쪽의 산물은 한양 마포나루에 집산했다. 평야가 발달한 남쪽에서는 해산물과 반대의 경로로 쌀과 곡식을 유통했다.

그런데 강경 상류로 운송되는 물자는 반드시 강배로 옮겨 금강을 타고 공주를 경유해야 했다. 바다에서 쓰는 배는 바다의 거친 풍랑을 헤쳐나갈 수 있도록 폭을 넓게 만들었기 때문에 하천의 물살을 타고 거슬러 올라가기에는 한계가 있었던 탓이다. 덕분에 공주포구에 많은 상선이 북적거리는 통에 포구를 관리하던 우영의 사령들이 상인들에게 행패를 부리는 등 사건 발생이 잦았다.

1850년대의 어느 날, 웅진포구(고마나루)에 어선과 소금을 실은 배가 정박하여 인근 2개 면의 주민들이 소금과 해산물을 받고 있을 때였다. 이때 중군의 사령 등이 세전을 거둔다며 포구에 정박한 배에 올라 돈과 물건을 강탈하는 일이 발생했다. 결국 이런 문제로 배들이 웅진포구를 피하게 되어 포구가 텅 비어버렸고, 생선과 소금을 얻을

（行發堂河玉旧森）　　　　　　　　　　朝鮮忠清南道公州旭町通

1920년대 공주의 시장 주변. (©일본 이와테현 사이토마코토기념관)

길이 사라진 지역 주민들이 견디지 못하여 감영에 진정서를 올렸다.

이에 1857년에 부임한 충청도관찰사 김응근은 사령들의 폐단을 엄격하게 단속했다. 그러나 그가 임기를 마치고 조정으로 돌아간 후에 다시 민폐가 계속됐으며, 주민들은 소금을 구하지 못해 해마다 곤란을 겪는 일이 반복되었다. 1862년이 되어서야 나라에서 완문完文을 내려 앞으로 또 이런 일이 발생하면 엄벌하겠다고 밝혔으니 사령의 행패가 얼마나 오랫동안 지속됐는지 짐작할 수 있다. 보통 완문은 조선시대에 어떤 사실이나 권리, 특전 등을 인정해 준다는 의미로 해당 관아에서 발급하던 증명 또는 허가 문서인데, 이 경우에는 특정 행위를 엄격하게 금지한다는 내용으로 나붙었다.

사실 이 시기는 이른바 '삼정의 문란'으로 고통받던 백성들이 공주와 충청도 곳곳에서 민란을 일으켰던 때다. 공주 고마나루에 붙은 '완문'의 사례는 지방 관리들의 기강이 무너져 소속 사령들의 행패조차 막지 못하는 지경에 이르렀음을 적나라하게 보여주는 사건이었다.

충청감영의 약재진상과 약령시

공주는 약령시로도 유명했다. 약령시는 약재진상을 위해 감영으로 집산된 약재 중에서 좋은 것을 진상한 후 남은 약재를 일반에 판매하려고 개설된 장이다. 약령시는 1658년(효종 9) 경상감사 임의백에 의해 대구에 개설된 이후 전주, 원주, 진주, 공주, 충주 등 전국 곳곳에 개설되었다. 이 중 대구약령시와 공주약령시가 가장 오랫동안 번성했다. 약령시는 아무나 함부로 열 수 없는 까다로운 시장이었다. 대표 한 사람이 상인들의 이름이 적힌 문서를 만들어 수령에게 통보하고, 수령은 이를 받아 다시 중앙정부에 보내어 그에 따른 통첩을 받아야 시작할 수 있었다.

1789년에 간행된《공주감영읍지》에 따르면 공주감영에는 도내 각지에서 생산된 약재를 생산지에 따라 할당하고 월별로 나누어 납품했는데 정월령(1월)에서 10월령까지 있었다. 이렇게 수집된 약재는 종9품 관리인 심약이 검사하여 봉하고 중앙에 올려보냈다. 따라서 10월까지 매월 도내 각처에서 생산되는 약재가 공주감영으로 수합되고, 관수용으로 납품하는 분량 외에는 약령시를 통해

서민들에게 거래될 수 있었다.

약령시와 관련된 자료가
많이 남아 있는 대구의 사례를
보면, 처음에 경상감영 객사
앞뜰에서 열렸던 것이 점차
규모가 커지면서 객사와 가까운
곳에 연례행사로 시장을
개설했던 것을 알 수 있다. 한
달 동안 열리는 장터에는 전국
각지의 약초 재배자와 심마니,
상인과 의원들이 모여 성시를
이뤘다고 한다. 대구약령시는

공주 봉황초등학교 정문 근처에 세워진
공주약령시장터 표지석. 일제강점기까지 2월과
10월에 40여 일 동안 약령시가 열렸던 곳이다.
(ⓒ메디치미디어)

음력 2월과 10월에 열려 각각 한 달 동안 장을 열었고, 공주약령시는
그보다 한 달 뒤인 음력 3월과 11월에 역시 한 달 동안 장이 섰다.

공주약령시는 지역 발전을 위해 꼭 필요했지만, 출발은 순탄하지
않았다. 이미 큰 약령시가 있던 전라도 전주에서 반대했기 때문이다.
그래도 약령시를 열려는 공주의 꾸준한 노력으로 결국 1730년경
공주에도 약령시가 열리게 됐다. 공주약령시는 이후 약 160년간
명맥을 이어간 반면, 전주약령시는 공주약령시의 성황에 영향을 받아
점점 쇠퇴하여 결국 먼저 문을 닫고 말았다.

1년에 두 차례 큰 약재시장인 약령대시가 열리는 공주와
대구의 약령시는 18세기 중엽부터 대성황을 이루었다. 한때는
서울과 공주, 대구의 약령시를 전국의 3대 약령시라 불렀다.

일제강점기인 1910년 6월 조선주차헌병대사령부에서 간행한
《조선사회략설朝鮮社會略說》이란 책에 보면, 조선의 '당재방'은 약재를
청국에서 수입하여 도매와 소매를 하는데, 지방은 대체로 경성에서
구입하고 대구와 공주 같은 곳은 1년에 두 번 약령대시가 열린다고
기록되어 있다.

　약령시는 어디에서 열렸을까. 현 공주사대부고 자리의 선화당을
중심으로 감영 건물이 자리 잡고, 약령시장은 관아의 외곽 지대에
있으리라 추측한다. 지금은 지역 개발로 옛 모습을 찾기 어렵다.
구전에 의하면 현 공주사대부고 앞길에서 공주교육대학으로
가는 길목 일부를 '약전골'이라 불렀다 한다. 근처에는 지금도
'약령거리'라는 별칭이 붙어 있다. 특히 현재의 봉황초등학교 담장
한 귀퉁이에 '공주약령시장 터'라는 표석이 남아 있고, 그 밑에
"일제강점기 2월과 10월에 40여 일 동안 약령시가 열리던 곳"이라는
안내문이 남아 있다.

경부선 철도의 개통과 공주장의 쇠퇴

　공주장은 구한말에 시행된 경부선 철도 공사와 함께 서서히
쇠락의 길을 걸었다. 그전까지 공주목의 일부에 지나지 않았던
대전이 경부선 개통과 함께 충청도의 중심지로 급부상했다. 지금의
대전광역시 동구 인동은 조선시대 공주목 산내면에 속했던 곳이고,
'장대리'라 불렸다. 1895년 회덕군 산내면으로 편제되었다가
이후 1905년에 경부선이 개통된 이후 1914년에 대전군이 새로

1920년대 철도가 놓인 대전지역 모습. (ⓒ일본 이와테현 사이토마코토기념관)

만들어지면서 대전군에 편입되었다.

조선시대부터 열린 '대전장'은 인동사거리 서쪽의 대전천
변에 있었다. 조선 후기의 문헌에는 '공주 관내 대전장이 2일과
7일에 열리며, 동쪽 70리 또는 80리 산내면山內面에 위치한다.'라고
기록되어 있다. 그런데 1922년의 기록에는 대전장의 장날이 1일과
6일로 바뀌며 공주의 장날과 겹쳤다. 장날이 겹치면, 5일장을 돌며
장사를 하던 장돌림 상인들이나 장을 찾던 사람들의 일정에 문제가
생긴다. 이를테면, 당시 공주 지역에서 활동했던 장꾼들은 공주장(1,
6일)→대평장(2, 7일)→신탄장(3, 8일)→흑석장(4, 9일)→유성장(5,
10일) 순으로 순회했는데, 이제 장날이 겹치면서 유성장을 마친 후

일제강점기 초기에 만들어진 조선의 철도 노선도. 1892년, 1894년,
1899년 등 경부선 부설 이전 사전답사 경로와 1907년 호남선 사전답사
경로를 표시한 것이 특징이다. 경성(현 서울)과 원산을 잇는 경원선이
개통된 1914년 이후, 지도에 공사중 노선으로 나오는 문천-영흥 구간이
개통한 1916년 7월 이전 사이에 나온 지도다.

호서의 중심 충청감영 공주

공주장과 대전장으로 나뉜 것이다.

　대전장이 치고 올라온 가장 큰 요인은 경부선이 놓이고 대전역 주변에 새로운 상권이 생겼기 때문이다. 일제강점기에 일본인 중심으로 상권 개발이 시작된 대전역은 현재의 중동·원동·정동 일대에 일본인 상가가 조성되며 활기를 띠기 시작했다. 또 1912년에 대전역과 공주의 도청 사이에 도로가 개설되고 대전천에 목척교木尺橋가 놓이면서 현재의 은행동과 선화동 일대까지 확대됐다.

　공주가 과거 교통 거점의 도시로 크게 발달을 이루었듯, 이번에는 경부선이 놓이면서 한반도의 중심지로 부상한 대전이 교통 거점 도시의 혜택을 받으며 신흥 상업도시로 부상한 것이다. 대전장이 빠르게 성장하면서 논산과 강경의 상권까지 잠식하기 시작했으며, 흑석장과 진잠장 같은 작은 시장은 점차 유지하기 어렵게 되었다. 그렇게 주변의 시장들이 위축되는 것과 발을 맞춰 공주장 역시 위축되고 말았다.

조선의 도읍이 될 뻔한 계룡산

"전라도 진동현珍同縣에서 길지吉地를 살펴 찾았습니다."

조선 초 1393년(태조 2) 1월 2일 권중화가 아뢰었다. 그는 당시 왕실 자녀의 태胎를 묻을 좋은 땅을 찾는 태실증고사를 맡았다. 권중화는 고려 말의 명신으로 의약과 지리, 그리고 길흉을 점치는 복서卜筮에 통달했다. 그는 태조의 명령으로 전국 명산을 찾아보고 돌아왔다. 그는 왕의 태를 묻기에 좋은 곳을 그린 진동현의 산수형세도와 함께 새로운 도읍의 후보지 지도를 태조에게 바쳤다. 공주 계룡산 일대를 그린 그림이었다.

1750년대 초 전국의 군현을 회화식으로 그린 지도집《해동지도》의 진산군(현 금산군에 해당하는 영역) 편에는 태조 이성계의 태를 묻은 태실이 표시되어 있다. (©서울대학교 규장각)

계룡산 지도를 받은 지 17일 만인 1월 19일, 태조는 직접 계룡산의 지세를 살피려고 일행과 함께 개경에서 출발했다. 계룡산에 가는 도중 21일에 지리산·무등산·금성산·계룡산·감악산·삼각산·백악 등에 '나라를 수호하는 큰 산'이라는 의미로 '호국백'이라 칭하며 상징적 벼슬을 내렸다.

2월 1일, 도착 일주일 전 이른 새벽이었다. 한 관리가 문서를 들고 와 개경에 가까운 황해도 지역에 도적 떼가 나타났다고 보고했다. 태조가 그것이 사실인지 따져 묻자, 관리는 대답하지 못하며 머뭇거렸다. 그러자 태조는 주위의 모든 관리에게 자신이 아니면 후대의 왕들은 절대 천도할 수 없으리라 여겨 반드시 추진하겠다는 의지를 다음과 같이 밝혔다.

"'세가대족'들은 도읍을 옮기는 일을 모두 싫어해 중지시키고 싶어 하는 것이다. 예로부터 왕조가 바뀌면 군주는 도읍을 옮기기 마련이었으니 내가 계룡산을 급히 보고자 하는 것은 친히 새 도읍을 정하고자 하기 때문이다. 앞으로 내 뒤를 이을 적자가 도읍을 옮기려 하면 대신들이 막을 것이 분명하니 이 일을 어찌하겠는가."

2월 8일, 드디어 계룡산 아래에 이르렀다. 다음 날 태조는 직접 산의 형세를 살폈고, 대신들에게 구체적인 조사를 지시했다. 이틀 후, 권중화는 새 도읍의 종묘·사직·궁전·조시를 만들 지세의 그림, 즉 새 도읍 후보지에 앞으로 건설될 종묘와 궁전 및 건물들을 그린 도면을 올렸다. 이를 받은 태조는 풍수학자들과 서운관에게 살피게 하고, 땅을 측량하도록 했다. 그리고 높은 언덕으로 올라가 지세를 둘러본 후 관리들에게 도읍의 건설을 맡기고 2월 13일 다시 계룡산을 떠났다.

태조의 굳건한 의지대로 신도 건설은 일사불란하게 진행되었다. 그러나 그해 12월 11일 돌연 공사 중지 명령이 내려졌다. 경기 좌·우도 도관찰사 하륜이 계룡산 일대가 도읍지로 적절하지 않다는 의견을 올렸기 때문이다. 그가 계룡산을 반대한 것은 첫째 지대가 남쪽에 치우쳐 있고, 둘째 풍수가 그다지 좋지 않다는 이유였다. 태조는 고심 끝에 하륜의 뜻을 받아들였고, 다시금 새로 천도할 곳을 물색하여 결국 지금의 서울을 조선의 도읍지로 선정했다.

이 때문에 새 도읍의 건설을 진행하다 멈춘 계룡산 신도안新都案에는 현재도 궁궐터와 제방이 있고 곳곳에 주춧돌 수십 개가 흩어져 있으며, 조선 후기에 "정씨가 나라를 세우고 계룡산에 도읍을 연다."라는 예언서《정감록》이 유행하면서 다시 한 번 주목받았다.

4장

역사의 현장, 충청감영

공산성 쌍수정. (ⓒ충청남도역사문화연구원)

인조의 공주 파천

멀고 가까운 역사가 깃든 공산성

유구한 역사를 자랑하는 공주의 옛 시가는 금강 남쪽에
위치해 있다. 1933년에 준공된 오래된 금강교(금강철교)를 건널
때 정면에 보이는 곳이 바로 공산성이다. 웅진백제의 왕성이 있던
곳이자 의자왕이 나·당 연합군에 맞서 최후의 항전을 벌였던 곳,
통일신라시대 웅천주를 관리하는 치소가 있던 곳이자 조선 후기
공주에 설치된 첫 충청감영이 들어섰던 곳이기도 하다. 지금은
유네스코 세계유산 백제역사유적지구로 등재된 이곳을 찾는 이들은
공산성의 서문인 금서루를 바라보며 먼저 탄성을 지른다. 돌로 쌓은
성벽의 유려한 곡선미를 보고 한번 놀라고, 금서루까지 휘어 오르는
길에 즐비한 공덕비들을 보며 한번 더 놀란다.

이곳 공산성에는 백제시대부터 조선시대에 이르는 오랜
역사가 곳곳에 새겨져 있다. 백제 왕궁과 조선시대 충청감영이
있었다고 전하는 현재의 쌍수정 근처 동쪽에는 백제의 왕과
귀족들의 연회 장소였던 임류각이 있다. 동문인 영동루와 동쪽

경계를 위해 세웠다는 만하루와 연못 자리, 북쪽을 향해 금강을
바라보는 공북루와 호남으로 이어지는 길목에 선 남문인 진남루와
임진왜란 당시 승병장 영규대사가 이끄는 승병들이 모여 훈련을 받고
금산전투에 출전했다는 호국사찰 영은사 등 곳곳에서 멀고 가까운
역사의 이야기들이 묻어난다. 그 가운데서도 이괄의 난을 피해
몽진을 떠난 인조가 이곳 공산성에 머물며 지낸 6일간의 이야기는
지금도 어제의 일처럼 생생하게 전해져온다.

역도들을 피해 공주로 향하다

"임금이 공주에 있었다."

인조반정으로 광해군을 몰아낸 그 이듬해인 1624년(인조 2) 2월
14일, 《인조실록》은 그날의 첫 기록을 이 한 문장으로 남겼다. 2월
8일 밤, 급히 궁궐을 빠져나간 인조가 공주에서 머문 첫날이었다.

인조가 공주로 파천한 이유는 이괄이 난을 일으켰기 때문이다.
1623년 3월 인조를 왕으로 세우기 위한 반정 당시 함경북병사였던
이괄은 반정군의 대장으로 추대될 정도로 중요한 인물이었다. 거사가
성공해 인조가 왕위에 오른 뒤 한성부판윤을 제수받았다가 곧 견제를
받아 다시 평안병사 겸 부원수라는 외직으로 밀려났다. 여기에 더해
같은 해 윤10월, 함께한 반정 공신들을 대상으로 논공행상을 할
때 이괄은 2등 공신의 첫 번째로 이름이 올랐다. 이괄의 입장에서
무력을 동원해 반정을 성공으로 이끈 것에 비하면 2등 공신은 아쉬운

지금은 여러 개의 다리로 금강의 양쪽을 연결하지만, 예전엔 강을 건너는 일이 쉽지 않았다. 20세기 초기에 촬영한 공주 금강의 배다리와 돛단배 모습. (ⓒ국립중앙박물관)

결정이었다.

　그런 와중에 역모의 조짐이 있다는 소식이 조정에 전해졌고, 이괄과 그의 아들 이전李栴의 이름이 오르내렸다. 이괄은 돌아가는 상황을 살피고 마침내 1624년 1월 24일, 근무지인 평안도에서 휘하의 장수와 정예군사 1만 2,000명을 이끌고 난을 일으켰다. 한양으로 향하는 이괄과 휘하 군대의 거침없는 기세 앞에 관군은 패전을 거듭했고, 2월 7일 관군이 기탄岐灘에서 크게 패했다는 소식을 접한 조정은 그날 밤 파천을 논의하기에 이른다. 황해도 기탄은 개성에서 겨우 20리(약 8킬로미터) 떨어진 가까운 곳이었다. 이괄과 반란군이 불과 보름 만에 한양 가까이까지 온 것이다.

　어디로 향할지도 의견이 분분했다. 정경세는 영남으로 가기를 청하며 "영남의 충의로운 선비 중에는 반드시 소매를 떨치고 일어날 자가 있어서 이로 인하여 회복할 수 있을 것입니다."라고 했다. 이에 김류는 "영남에 충의로운 선비가 많기는 하나 그 풍속은 문을 숭상하고 무를 숭상하지 않으므로 도움을 받기 어렵습니다. 호남의 풍속은 대부분 무예를 숭상하니, 지금의 계책으로는 이곳으로 거둥하시어 진무하고 수용하는 것만 못합니다. 그러면 회복을 기대할 수 있을 것입니다."라고 했다. 다시 장유는 "공주 산성은 앞에 큰 강이 있어 형세가 매우 좋고 길도 멀지 않으니, 급히 들어가 점거하고 있으면서 형세를 보아 진퇴하는 것이 좋겠습니다."라고 했다.

　영남이 좋을지 호남이 좋을지 의견이 분분할 때 호서의 공주를 추천한 사람은 대사간 장유였다. 다음 날인 2월 8일 저녁, 이괄이 임진강을 건넜다는 소식을 접한 인조는 조정에서 논의한 대로 그날 밤, 궁궐을 빠져나왔다. 인조를 모신 행렬이 한강에 이르렀지만 한 척의 배도 보이지 않았다. 심지어 건너편 언덕에 숨은 배들은 불러도 오지 않았다. 이때 공주 출신 무사 우상중이 칼을 뽑아 들고 헤엄쳐 건너가 배를 끌고 돌아와 겨우 인조가 배에 오를 수 있었다. 그러나 강 건너편의 안전을 확인하기 전까지 임금이 탄 배는 강물 한가운데에 떠 하룻밤을 지내야 했다. 이때 북쪽을 돌아보니, 궁궐은 백성들에게 불태워져 불꽃이 하늘에 치솟고 있었다.

　한강을 건너 양재역과 과천을 거쳐 수원에서 하루 묵은 뒤 12일에 천안에 도착했다. 천안에서의 하룻밤은 짧았다. 새벽녘 다시

공주시 정안면 광정리의 모습. 인조 때 광정창이었던 곳으로, 이곳에서 인조는 군사의 안내를 받아 비로소 안심하고 공주로 들어갈 수 있었다. (ⓒ충청남도역사문화연구원)

출발하여 2월 13일 아침 마침내 광정창廣程倉, 지금의 공주시 정안면 광정리에 도착하자, 호남에서 올라온 전라도관찰사 이명이 2,000명의 병력을 이끌고 맞이해 인조를 호위했다. 금강에 도착했을 때는 공주의 유생 100여 명이 나루에서 기다리고 있었다.

"어제 길에 나와 맞이한 사람들을 육조로 하여금 각각 맞는 인물을 뽑아 쓰게 하겠다."

인조는 자신을 맞이해주는 이들을 보고 이렇게 말했다. 분노한 백성들에 의해 불길에 휩싸인 궁을 바라보았던 인조는 자신을 따뜻하게 맞이해준 사람들에게 감사의 표시를 하고 싶었을 것이다.

"전하, 아뢰옵니다! 이괄이 12일에 병사들을 끌고 광주廣州에서 이천利川으로 도망치다 경안역慶安驛 근처에서 머물러 묵었는데 그의 수하 사람에게 참살되었다고 합니다."

2월 14일 공주에 도착한 그 이튿날, 대장 신경진의 군관이 찾아와 이괄과 그의 반란을 도왔던 한명련이 수하들의 손에 살해되었다는 소식을 전했다. 장만이 각지에서 모은 관군과 의병으로 반란군을 대파하자, 전세가 기울었음을 깨달은 이괄의 부하들이 자신들의 목숨을 보전하려고 달아나는 이괄의 목을 벤 것이다.

반란이 진압됐는데도 인조는 공주에서 한동안 머물렀다. 산성에 올라 둘러보며 형세를 살피고, 허술해 보이는 곳을 여러 신하에게 물으며 북루에 올라 금강의 물결을 바라보았다. 그 이튿날 이괄과 한명련의 잘린 머리가 도착했다. 대신들은 서둘러 한양으로 돌아가길 청했으나, 인조는 16일에 공주에서 과거를 시행하고 18일에 떠나겠다고 선언한다. 실록은 인조가 공주에 머문 14일부터 17일까지 모두 "임금이 공주에 있었다."로 시작했고, 공주를 떠난 18일은 "대가가 공주에서 떠났다. 대장 신경진이 서울에서 와서 그의 군사로 호위했다."라고 기록하여 인조의 행적을 확인하고 있다.

따뜻했던 공주에 인조의 마음이 담기다

산성의 높은 곳에 올라 금강을 바라보며 인조는 무슨 생각을 했을까? 승전보를 기다리는 그의 마음이 편하지만은 않았을 것이다. 반정을 통해 왕위에 오른 자신의 자리에 대한 위기감과 믿었던

쌍수정과 사적비각 그리고 사적비의
모습. 쌍수정은 공산성의 서남쪽 옛
백제 왕궁터 근처에 자리 잡고 있다.
쌍수정 사적비는 인조가 공주에서
보낸 5박 6일을 기록하고 있는 비로,
비각 건물 안에 보존되어 있다.
(ⓒ충청남도역사문화연구원)

공신에 대한 배신감, 그리고 궁궐을 휘감은 불길이나 분노에 찬 백성들의 얼굴이 떠올랐을 수도 있다. 그리고 그 허망한 마음을 달래준 것이 공산성의 높은 자락에 있는 두 그루의 고목이었다. 이괄의 반란이 평정되었다는 소식을 들은 인조는 도성이 있는 북쪽 하늘을 말 없이 바라보던 자신의 곁을 지켜준 이 나무들에 정3품에 해당하는 통정대부의 작위를 내리고 금대를 하사했다. 훗날 사람들은 이 나무들을 '쌍수'라 했다.

2월 15일에 헌괵례가 있었다. 헌괵례는 승전 후 적의 머리를 베어 바치는 의례로 이괄 등 여섯 명의 죄인의 목을 장대 끝에 달아서 바친 후 인조가 피란 중 옮겨온 종묘의 신주 앞으로 나아가 적을 평정했음을 고했다.

다음 날인 16일에 공산성에서 전라도와 충청도 사람을 대상으로 과거시험을 시행했다. 서울에서부터 임금이 탄 수레를 호위했던 사람들에게도 응시 기회를 주자는 주장도 있었지만 받아들여지지 않았다. 공주에 처음 도착한 날 인조를 따뜻하게 맞아주었던 사람들 가운데 선발해 등용하겠다던 약속을 지킨 것이다. 그러나 하필 공주 사람이 다섯 순위 안에 들지 못했고, 이를 알게 된 인조는 특별히 여섯 번째 순위의 공주 사람 강윤형에게 급제교지를 내렸다. 자신을 따뜻하게 대해준 공주 사람들에 감사하는 마음을 담은 특혜였다.

또한 피란길에 지나온 여러 지역의 주민에게도 향후 3년간 대동미 1말*씩을 감해주었으며, 공주에는 특별히 2말을 감해주었다. 도성을 떠나는 왕에게 분노했던 이들도 백성이지만, 그런 그를 지켜준 이들도 백성이었다.

당시 충청감사 이명준과 특사 송홍주는 이때의 일을 잊지
않으려고 우의정 신흠에게 비문을 받아 비를 세우려 했으나 뜻을
이루지 못했다. 다시 현종 9년 관찰사 민유중이 우암 송시열에게 글을
받고 돌까지 운반했으나 역시 바로 세우지 못했다. 그렇게 84년이
지난 1708년(숙종 34)에 쌍수정 사적비를 세웠다. 사적비에는 이괄의
반란과 인조의 공주 파천에 대한 내력, 공산성에서의 5박 6일, 왕과
함께한 공산성의 모습이 기록되어 있다.

인조에게 통정대부의 작위를 받은 쌍수는 100여 년 만에
죽고 없어졌다. 이를 안타깝게 여긴 관찰사 이수항이 쌍수가 있던
자리에 1743년(영조 10)에 쌍수정을 세워 그 두 그루의 나무를
대신하게 했다. 그 뒤로 쌍수정은 1787년(정조 11)에 관찰사 홍억이
재건축했으며, 1903년(고종 광무 7)에 홍승억이 다시 수축했다. 이후
몇 번의 수리를 거쳐 현재에 이르고 있다.

이 밖에도 이괄의 난을 피해 공주로 파천할 당시의 이야기들이
공주 곳곳에서 지금까지 전해오고 있다. 공주시 우성면에 있는
조왕동助王洞의 지명 유래가 그 하나이다. 한자로 '도울 조助', '임금
왕王'이니 말 그대로 '왕을 도운 마을'이라는 뜻이다. 사연인즉,
인조가 공주로 피란 왔을 당시에 이 마을의 노숙이라는 사람이
군량미 300석을 상납했다고 한다. 그는 임진왜란 때 의병이 되어
활동했던 노응환의 아들이었다. 그런 그가 인조와 병사들이 굶지
않도록 충성심을 보이자 상으로 벼슬을 내리며 원래 '동곡리'였던

공주시 우성면에 있는 충신 노숙 정려旌閭. 정려는 충신, 효자, 열녀 등을 나라에서 포상하여
주는 상징물을 말한다. 정면 1칸, 측면 1칸의 작은 건물로 공주시 향토문화유적 제24호다.
(ⓒ충청남도역사문화연구원)

마을을 '조왕동'이라 부르게 한 것이다. 이에 인조는 노숙에게 벼슬을
내렸지만 노숙은 그 은혜에 감사하면서도 병약한 노모를 핑계로
끝내 벼슬을 사양했다고 한다. 대신 고을 백성의 세금을 면제해줄
것을 청했다. 이에 인조는 "그대는 진실로 농민을 기쁘게 하는
사람이로구나汝眞歡農人也. 내 어찌 그 마음을 헤아리지 못하겠느냐."
하며 크게 감동했다.

　　또 다른 마을인 공주시 정안면의 석송리에도 재미있는 사연이
있다. 공주로 향하는 피란길에 이곳에 들른 인조가 잠시 휴식을
취했고, 그가 쉰 곳에 바위와 소나무가 있었다고 하여 석송石松이라
불렀다. 이곳은 이후 나무 벌목을 금지했으며, 현재 석송리에는

'석송정'이라는 정자와 글이 새겨진 바위가 전해진다.

인조, 공주의 전설이 되어 남다

공산성에 올라 왕궁이 있는 북쪽 하늘을 하염없이 바라보고 있는 인조의 얼굴은 수심이 가득했다. 따르는 신하들도 어쩌지 못하고 곁을 묵묵히 지키고 있을 뿐이었다. 그때 공주의 어느 부호가 광주리 가득 음식을 담아 왕께 전했다. 임금이 광주리를 덮은 보자기를 무심코 열자 먹음직스러운 떡이 한가득 담겨 있었다. 마침 시장기를 느꼈던 인조는 연거푸 맛있게 먹으며 물었다고 한다.

"그런데 이 떡의 이름이 무엇이냐."

"그게….."

"떡 이름을 모르는 것이냐?"

"네, 전하 송구하옵니다. 그냥 떡이라는 것밖에는….."

"허허, 그럼 이 떡을 해온 이가 어느 집에 사는 뉘더냐?"

"저 아랫마을 임가라 하옵니다."

"임가라… 그렇구나. 임가가 해온 가장 맛있는 떡이니, 임절미라 하는 게 어떠한가."

피란 중에 무거웠던 마음이 떡 한 광주리로 사뭇 밝아졌고, 그날 이후 임절미의 발음이 변해 인절미가 되었다는 이야기가 전해진다.

인조의 공주 파천과 관련해 전설이 된 또 하나의 음식이 있으니,

도루메기 이야기다. 당연한 이야기겠지만, 도성을 떠나 온 인조는 식음을 전폐한 날이 많았다. 임금의 곁에서 걱정하던 어느 신하가 쇠고기로 음식을 만들어 인조에게 바쳤다. 그러나 그의 정성과 염려에도 불구하고 인조는 복통과 설사를 심하게 앓고 말았다. 그즈음 금강의 어부가 메기를 잡아서 진상하자 인조는 그것을 맛있게 드시고 빈 접시를 내려놓으며 이 고기를 '은어'라 부르겠다고 명했다. 그날 이후 은어라 불리는 메기가 매일 빠짐없이 인조의 진지상에 올랐다고 한다.

한편 이괄의 난이 평정되고 한양으로 돌아간 인조는 공주에서 맛본 그 은어의 맛을 잊을 수 없었다. 그러자 신하들이 곧 은어를 잡아다 인조가 공주에서 즐겼던 요리를 만들어 주안상에 올렸다.

"이게 그 은어더냐?"
"네, 전하. 공주에서 드셨던 은어이옵니다."
"이게 은어라니, 도루 메기군!"

인조의 얼굴에는 실망한 빛이 역력했다. 아무리 생각해도 공주에서 먹던 은어의 맛을 느낄 수 없었던 인조는 주안상을 물리며 이렇게 말했다. 은어가 그렇게 다시 메기가 되었다는 슬픈(?) 전설로 공주 지역에 전해지고 있다.

인조의 파천과 공주에 얽힌 뜻밖의 이야기도 남아 있다. 엄밀히 말하면 인조가 아닌, 왕자 숭선군의 이야기다. 이괄의 난이 진압된 후, 한양으로 돌아가던 숭선군의 일행이 잠시 머물렀던 곳이 공주시

공주시 이인면 오룡리에 있는 귀부. 인조의 아들 숭선군의 신도비를 세우려다 중단되고 귀부만 남았다. 충청남도 유형문화재 제61호다. (ⓒ충청남도역사문화연구원)

이인면 오룡리였다.

　그곳에서 숭선군은 우연히 홀어머니를 모시고 사는 한 여인을 만나 짧은 인연을 맺었고, 궁으로 돌아온 뒤에도 그 일을 잊지 못하여 훗날 자신을 오룡골에 묻어달라는 유언을 남겼다고 한다. 이 전설에 대해서는 숭선군의 나이를 따져보면 시기가 맞지 않다고 지적하는 사람도 있지만, 인조 일행의 흔적을 후손들에게 전하고 싶은 공주 사람들의 마음이 담긴 전설이 아닐까.

　현재 오룡리에는 숭선군의 묘가 있다. 또한 그가 오룡리에서 처음 만나 일생을 그리워하며 살았다는 어느 여인과의 사랑 이야기처럼, 아직도 미완성인 숭선군신도비의 좌대가 남아 있다. 원래 5품 이상의 벼슬을 한 인물의 묘 동쪽에 세우는 비석이 신도비인데, 비석은 세우지 못한 채 받침대만 보존되어 전해진다.

황새바위 성지의 부활광장에 세워진 십자가와 예수 상. (©메디치미디어)

천주교인들의 피로 물든 황새바위

한국 천주교의 순교성지, 황새바위

제민천을 사이에 두고 공산성과 마주한 야트막한 언덕으로
오르는 계단 초입에 '황새바위'라 새겨진 커다란 표석이 서
있다. 고개를 들어 올려다보면 온화한 표정의 예수상이 두 팔을
벌리고 방문객을 맞이하는 곳, 이곳이 한국 천주교회사에서 가장
많은 순교자가 목숨을 바쳐 신앙을 지킨 '황새바위 순교성지'다.
'황새바위'라는 이름은 황새가 많이 깃들어서 붙은 이름이라고도
하고, 천주교인을 이르던 사학邪學죄인들의 목에 채워진 항쇄 때문에
'항쇄바위'라 불렸던 데에서 붙은 이름이라고도 한다.

이곳 공주는 신유박해辛酉迫害 때인 1801년 2월 28일 이존창
루도비코가 황새바위에서 순교한 뒤로 1894년 7월 27일 프랑스
선교사 죠조 신부와 그의 시종 정보록 바오로가 장깃대나루에서
순교할 때까지 100년 가까운 시간 동안 수많은 이의 목이 잘렸던
순교 현장이다. 제민천이 금강 본류와 만나는 이곳 황새바위 아래는
고운 모래사장이었다. 게다가 맞은편 공산성과 이곳 황새바위에

올라서면 처형장이 한눈에 훤히 내려다보여서 공개 처형 장소로
최적이었다. 1866년 병인양요 때 순교한 다블뤼 신부가 수집한
자료를 토대로 파리외방전교회의 클로드 샤를 달레 신부가 1874년에
프랑스어로 쓴《한국천주교사》에는 그때의 정황을 이렇게 전하고
있다.

> "황새바위에서 공개 처형이 있는 날은 처형장이 내려다보이는
> 공산성에서 흰 옷을 입은 많은 사람이 병풍처럼 둘러서서 처형장을
> 바라보았다."

공주에서 천주교도가 순교한 장소는 이곳 외에 다른 곳도
있었다. 충청감영과 충청도 다섯 진영 가운데 하나인 우영이 들어서
있던 공주에는 공주 향옥이 있었다. 오른쪽 페이지에 실린 그림처럼
원형 담장을 둘러 '원옥'이라고도 불린 공주 향옥은 황새바위에서
걸어서 채 15분 안 되는 거리에 있던 감옥으로 충청도 전역에서
체포된 사학죄인들이 압송되어 오던 곳이었다. 충청도관찰사와
진영장은 사학죄인이라는 죄목으로 이곳에 갇힌 천주교도들을
심문하고, 배교하도록 유도했다. 지방관들에게 먼저 처형하고
보고하라는 명령이 내려진 가운데 끝내 배교를 거부한 이들은 곤장을
맞거나 목이 졸리거나 굶어서 죽었다.

이렇게 황새바위와 공주 옥사에서 신앙을 지키다 순교한
이들의 수가 1,000여 명이 넘는다고 한다. 당시 충청도는 천주교
신자가 전국에서 가장 많았고, 선교사들의 사목 거점도 집중되어

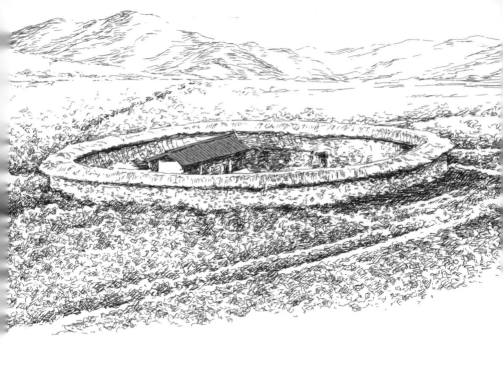

있었다. 이런 사정으로 충청도의 감영 도시인 공주에서 가장 많은
천주교인들이 죽임을 당한 것이다. 달레 신부는 "공주에서 순교한
분의 수는 헤아릴 수 없으며 그 수는 오직 천주님만이 아신다."라고
《한국천주교사》에 기록했다. 현재까지 공식적으로 이름을 확인할 수
있는 순교자만 337명에 이른다고 하니 당시 희생이 얼마나 컸을지
짐작할 만하다.

천주교의 전래와 조선 천주교회의 창설

우리나라에 천주교가 처음 전해진 시기는 언제였을까? 혹자는
그 시기를 임진왜란 때라고 한다. 당시 왜장 고니시 유키나가를 따라

종군한 스페인 예수회 신부 세스페데스가 일본군과 함께 조선에
상륙했다.

하지만 부산의 일본군 진영에 머물렀던 세스페데스 신부가
조선에 천주교를 전할 수는 없었을 것이다. 그보다는 명말청초에
사신으로 중국에 다녀온 이들에 의해 '서학'이라는 이름으로 처음
전해졌다는 설이 더 유력하다.

1601년 마테오 리치가 명나라에서 정식으로 포교를 한 뒤 명·청
양대에 걸쳐 예수회 선교사들이 중국에서 활발히 활동하고 있었다.
이들은 선교를 목적으로 먼저 서양의 천문·역산·지리·과학·기술 및
윤리·종교 등 서양 문명 전반에 대한 책을 한문으로 번역해 출간한
한역 서학서漢譯西學書를 간행했다. 이때 출간된 대표적인 책이 마테오
리치의《천주실의》와《만국여도》등이다. 당시 조선에서 사신으로
중국 베이징에 들어간 이들이 중국의 서학을 접촉하고, 그 가운데
일부 한역 서학서와 서양 과학기술 문물을 도입하면서 본격적으로
서학이 조선에 도입된다. 1603년 주청사로 베이징에 다녀온 이광정이
세계지도를 도입한 것이 그 시작이었다. 이후 1631년 역시 진주사로
베이징에 다녀온 정두원이 돌아오면서 홍이포·천리경·자명종 등
서양의 기계와 마테오 리치의《천문서天文書》《직방외기職方外紀》
《서양국풍속기西洋國風俗記》《천문도天文圖》《홍이포제본紅夷砲題本》등의
서적을 가져와 서양의 문물을 소개했다. 이때부터 숙종 중엽까지
대략 100여 년간 서양과 서양 문물을 이해하기 시작한 시기였다.

특히 병자호란 뒤 청나라에 볼모로 잡혀 있던 소현세자는 독일
선교사 아담 샬과 각별한 관계를 유지했고, 귀국할 때 그에게서

서양의 여러 과학기술 문물과 한역 서학서를 받아왔다. 또한
충청도관찰사를 지냈던 김육이 관상감제조로 있던 1644년 베이징에
사신으로 다녀오면서, 아담 샬이 쓴 역법 책《시헌력時憲曆》의
우수성을 알아보고 관련 서적 다수를 수입하며 조선에 시헌력을
채용하기도 했다. 또한 1702년 숙종의 부음을 전하러 베이징에
간 이이명이 독일 코글러 신부와 포르투갈인 사우레스 신부 등과
교유하면서 천주교와 천문, 역산에 관한 서적을 얻어와 이를
소개하기도 했다.

중국에 다녀온 사신을 통한 서양 문물과 서학, 즉 천주교의
도입에는 큰 걸림돌이 없었다. 천주교가 들어와 곧바로 전파되진
않았지만, 한역 서학서의 도입은 17세기 초 조선의 실학에 영향을
끼치며 조선의 학자들에게 관심을 불러일으켰다.

이수광의《지봉유설》, 유몽인의《어우야담》에 서학에
관한 논평이 실릴 정도였다. 이후 정조 초기까지 성호 이익의
문하에 있던 실학자들 사이에서 서학서를 다각도로 검토하며
서학의 실용성을 수용, 실천해야 한다는 흐름과 서학을 이단으로
보고 배척해야 한다는 흐름으로 전개된다. 전자는 '북학파'라
불리는 홍양호·홍대용·이덕무·박지원·박제가 등이고, 후자는
안정복·신후담 등이 대표 인물이다. 특히 안정복은 "천주학은 결국
이단지학異端之學"이라 단정하고 장차 홍수나 맹수보다 무서운 해를
가져올 것이라고 했고, 신후담 역시 천주교의 영혼론을 극명하게
비판하면서 '정학, 즉 유학을 지키고, 사학을 배격'하는 척사위정을
주장했다. 이때까지만 해도 훗날과 같이 참혹한 박해는 없었다.

한편, 이익의 제자였던 홍유한은 천주교를 단순히 신학문이
아니라 천지 만물의 이치를 밝히는 종교로 받아들여 주위의 반대를
피해 충청도 예산에 기거하면서 천주교에 관해 연구했다. 1775년부터
홀로 수계 생활을 시작, 7일마다 하루를 주일로 정해 세속적인 일을
모두 금지하고 기도와 묵상에 전념하며 60세 나이로 세상을 떠날
때까지 영주에서 천주교 수덕(덕을 닦음)과 기도 생활에만 전념했다.
그리고 마침내 1784년(정조 8) 조선의 문인 학자인 이승훈이
중국에서 '베드로'라는 세례명을 받아 최초의 영세자가 되어
돌아왔으며, 이벽·이가환·정약종 형제(정약현·정약전·정약용)에게
세례를 주고 신앙 집회소를 만들어 정기적인 모임을 하는 등 조선

부활의 광장에 있는 십자가의 아랫부분에 향옥과 감영, 심문과 고문, 처형 장면 등 공주 지역을
중심으로 한 천주교 수난사가 조각되어 있다. (ⓒ메디치미디어)

천주교회를 열었다. 이로써 우리나라는 성직자 없이 천주교회가
시작된 독특한 역사를 갖게 되었다.

공주에 뿌려진 복음의 씨앗

조선 천주교회는 출범부터 큰 파도에 휩쓸렸다. 1794년 12월
중국인 신부 주문모가 조선교회의 포교 성성聖省 즉, 가톨릭교회의
일상 업무를 다루는 교황청의 행정 기구를 맡아 입국한
다음 본격적인 포교를 시작했다. 그러나 1886년(고종 23)
조불수호통상조약이 이루어지기까지 순교자들의 피를 제단에
바치는 100년의 혹독한 박해를 견뎌야 했다. 특히 초기 천주교가
집중적으로 전파되었던 공주를 포함한 충청도는 그중에서도 가장
많은 순교자가 희생되었다. 그래서 한국 천주교의 못자리이자
묏자리, 시작과 끝자리로 충청도의 내포를 꼽는다.

공주 지역에 복음의 씨앗이 뿌려진 것은 1784년(정조 8)
무렵이다. 이때 초기 조선 천주교 지도자의 한 사람인 권일신에게
세례를 받은 예산 사람 이존창(루도비코)이 고향 인근 지역에
천주교를 전파하기 시작했다. 이때부터 그는 가성직제도假聖職制度
하에서 신부가 되어 천주교 신앙을 천안, 면천, 공주, 한산 등으로
전도했고, 1791년의 신해박해를 겪으면서 청양, 논산 지역과 전라도,
충청북도, 경상도 지역에까지 천주교를 소개했다. 그뿐만 아니라
그는 중국에서 주문모 신부를 모셔오는 데 드는 여비를 제공하는
역할도 맡았다. 이런 까닭에 그를 '내포의 사도'라고 부른다. 그의

조카딸의 손자가 우리나라 최초의 신부인 김대건金大建이고, 두 번째 신부인 최양업崔良業은 그의 누이의 증손자였다. 조선 천주교 초기 신자 중 상당수가 그가 입교시킨 신자들의 후손이라고 할 만큼 큰 공헌을 했다.

심한 박해에도 천주교의 전파는 계속 이어졌다. 이들은 유구, 신풍, 사곡, 정안, 반포 등 공주 인근의 깊은 산골짜기에서 숯을 굽거나 옹기를 구으며 일종의 신앙 취락을 형성했다. 박해로 피바람이 거세질수록 천주교인들은 산골로 숨어들어 공동체를 이루며 신앙을 지킨 것이다. 그 가운데 수리치골(현 신풍면 봉갑리)은 제3대 교구장인 페레올 주교와 다블뤼 신부가 신자들과 함께 숨어 지내던 곳이다. 1846년 11월 이들은 한 오두막에 모여 최초로 '성모성심회'를 조직했다. 이후 1861년 제4대 교구장 베르뇌 주교는 선교사들이 관할 구역을 재정비하면서 공주와 그 인근 지역을 '성모 영보' 구역으로 선포해 박해 중의 교회를 성모님께 봉헌하기도 했다.

이렇게 숨어서 신앙을 지켜나가던 천주교 신도들은 발각되면 충청감영이나 공주 진영에서 배교를 강요당하다 공주 향옥에 수감되어 끝내 참수를 당하거나 교수형을 당했던 것이다.

황새바위와 공주 향옥에서의 거룩한 순교

"중국 군인들이 신부를 붙잡아 끌어내려 자기들의 배로 옮긴 후 먼저 강을 건넜다. …(중략)… 강 건너편에 이르자 군인들은 즉시 신부를 바짝 에워쌌다. 주위에는 읍내에서 많은 구경꾼이 모여들었다. …(중략)…

이때 네 명의 군인이 달려들어 신부의 팔을 등 뒤로 틀었다. 순간, 신부의 몸이 땅에 쓰러졌다. 이어 군인들이 군도로 내리쳤다. 첫 번째는 목덜미에, 두 번째는 머리에 맞았다. 뇌장이 솟아올랐다. 다섯 번째 칼에 신부는 쓰러졌으나 그래도 목은 떨어져 나가지 않고 있었다. 이에 한 군인이 군도로 신부의 사지를 내리쳤다. 때는 7월 29일 오후 5시경, 바로 그날은 주일이었다."

최석우 신부는 《한국 천주교회의 역사》에서 1894년 7월, 공주시 옥룡동 근처의 금강변 장깃대나루에서 시행된 죠조 신부의 처형 장면을 이렇게 기록하고 있다. 처형 장소가 황새바위가 아니라 장깃대나루이고, 처형하는 이가 조선의 군인이 아니라 청나라 군인이라는 점은 다르지만, 참수 당시 그 처참한 광경은 크게 다르지 않을 것이다. 황새바위에서는 1801년 신유박해 때 '내포의 사도' 이존창을 비롯해서 충청도 음성 양반가 출신 이국승 바오로 등 십수 명이 참수형을 당했고, 그 이후로 병인박해, 무진박해 때에도 수없는 순교자들이 참수를 당하며 뜨거운 피로 모래사장을 붉게 물들였다.

하지만 더 많은 순교자가 고문을 당하고 목숨을 바친 곳은 공주 향옥이다. 당시의 고문이 어느 정도였는지 순교성인 손자선 토마스에 관해 전해오는 이야기를 보면 알 수 있다.

1866년 병인박해 때의 일이다. 덕산에서 체포된 그를 매질하고 거꾸로 매단 뒤에 쓰레기를 입에 넣어도 배교하지 않자, 덕산 수령은 그를 해미 향옥으로 이송했다. 해미의 관장 역시 배교를 요구하며 주리를 틀었으나, 두 다리가 부러지는 가운데에도 배교하지 않았다.

황새바위 성지 안쪽에 세운 '부활경당' 외관. 건물 앞쪽에 서 있는 조각상은 '순교자의 모후'다.
(ⓒ메디치미디어)

부활경당 내부 모습. 4,000장의 도자 타일로 내부를 꾸몄다. 십자가와 예수상을 가운데로 모시지
않은 것이 특이하다. (ⓒ메디치미디어)

　　　　　　　호서의 중심 충청감영 공주

다시 공주의 충청감영으로 이송하니, 충청도관찰사는 손자선이
의식을 잃을 때까지 때리는 태형을 가했다고 한다. 하지만 손자선은
끝끝내 배교하지 않았다. 그때 관찰사가 손자선에게 "네가 배교하지
않는다는 증표로 네 이빨로 네 살점을 물어뜯어 보아라!"라고 하자,
그 즉시 자신의 양팔을 물어뜯어 피가 흐르게 했다고 한다. 그해 5월
18일, 관찰사는 손자선의 교수형을 집행했다. 뼈가 부러지고, 거꾸로
매단 채 쓰레기를 삼키게 하고, 실신을 하도록 매를 맞고도 모자라
자신의 생살을 피가 나도록 물어뜯도록 하는 고된 고문이 이어지다
교수형을 당하는 일이 다반사였을 것이다.

아래 내용은 달레 신부가 《한국천주교회사》에서 묘사한
'전 사베리오'와 '이 요한'의 처형 장면이다. 이들 역시 내포 사람이고,
병인박해 때 순교했다.

> "형 집행은 보통 다음과 같이 행하여진다. 옥의 벽에는 높이 1장 남짓
> 되는 곳에 구멍이 하나 뚫려 있다. 고리 매듭으로 된 밧줄 고리를
> 수인의 목에 씌우고 밧줄 한끝을 구멍으로 내보낸다. 그리고 옥 안에서
> 신호하면 밖에 있는 사형 집행인이 갑자기 밧줄을 힘껏 잡아당긴다."

이런 무시무시한 방식의 교수형이 옥 안에서 집행되었다고 한다.
형을 집행했던 공주 향옥은 일자형 옥사 주위에 높은 담장이 둥글게
감싸고 있는 원형 형태의 '원옥'이었다. 그 안에서 형이 집행되는
동안 갇혀 있던 수인들이 모두 그 장면을 볼 수밖에 없었을 것이다.
죽음의 현장에서 함께하는 이들의 공포는 죽음 그 자체만큼이나

황새바위 천주교 순교지 전경. 화면의 가운데 보이는 숲 안에 여러 성지 시설과 순례길이 산재해
있다. (ⓒ충청남도역사문화연구원)

두렵지 않았을까. 그 두려움을 견디며 배교의 유혹을 물리치고
죽음으로 신앙을 지킨 공주 향옥은 자취도 없이 사라졌다. 향옥은
지금의 공주시 보건소 옆 한국천주교 공주 교동성당 부근으로 알려져
있으며, 성당 안에 순교현양비가 서 있다.

　1911년 4월 25일, 성지 순례를 위해 외국인으로서는 처음
황새바위 순교성지에 찾아온 노르베르트 베버 신부 일행은 순교자의
무덤이 뒤덮인 황새바위에서 고개를 숙인 채 다음과 같은 묵상을
남겼다.

"여기 쉬고 있는 영웅들의 숨겨진 영혼의 위대함을 회상하기라도 하는 것처럼, 이 무덤 아래의 언덕에는 우리의 비올라 알피나꽃의 향기마냥 달콤한 작고 푸른 오랑캐꽃이 향기를 날리고 있었다. 우리는 이 무언의 인사를 깨닫고 위대하고 성스러운 남녀, 그리고 무죄한 아이들의 믿음, 그 강한 신앙을 기억하기 위하여 이 오랑캐꽃을 귀향의 길에 가져가게 되었다."

충청감영의 도시 공주가 겪은 아픈 역사를 잊지 않으려고 천주교 대전교구는 1980년 황새바위 인근의 성지 조성 대지를 매입했고, 1984년 황새바위 성지 성역화 사업 추진위원회가 구성되어 본격적인 조성 작업에 들어갔다. 그 이듬해 순교탑과 무덤경당을 준공하여 봉헌식을 올렸다. 그 뒤 2008년 12월 황새바위 순교성지를 충청남도 기념물 178호로 지정하고, 2011년에는 황새바위 순교자 337위 명부 봉헌식을 올리고 2016년 부활경당까지 완공하며 오늘에 이르고 있다. 이곳에는 12개의 빛돌, 성모동산, 십자가의 길, 묵주기도의 길, 성체조배실, 황새바위 기념관 등이 조성되어 성지를 찾는 순례자들을 맞이하고 있다.

우금티고개에 세워진 동학혁명군 위령탑. (ⓒ충청남도역사문화연구원)

우금티 마루에 펄럭이는 피에 젖은 깃발

나라의 운명을 걸었던 고개

충청감영이 있던 공주사대부고에서 봉황로를 따라 남쪽으로 가다가 공주교육대학을 오른편에 두고 웅진로를 지나면 금학교차로에서 우금티로와 만난다. 부여로 향하는 우금티로를 따라 오르막길을 10분 남짓 더 걸으면, 동학농민혁명의 최대 격전이자 마지막 불꽃을 사른 우금티전투를 기리는 우금티전적지에 이른다. 호랑이가 자주 출몰하니 '소를 끌고 넘지 말아야 하는牛禁' 고개라는 뜻에서 '우금치牛禁峙'라 불렸던 곳이다. 그 '우금치'를 지역에서는 '우금티'로 발음한다고 해서 공주에서는 공식 명칭을 '우금티'로 정해 도로나 터널 이름에도 '우금티로' '우금티터널'이라 붙였다. 이 고갯마루에서 바라다보면 멀리 공산성이 보인다. 제민천 오른편의 공주목 관아와 공주 진영 등도 한눈에 보였을 법하다.

이곳에서 충청감영까지 2.5킬로미터, 잰걸음이라면 30분 정도, 보통 걸음이라도 40분이면 충분히 닿을 만큼 가깝다. 1894년 초겨울, 척양척왜斥洋斥倭와 보국안민輔國安民의 기치를 든 호서와 호남의

동학농민혁명군은 충청감영을 접수하려고 이곳 우금티에서 운명을
건 대접전을 벌인다. 바로 우금티전투다.

서울로 향하는 교두보로 삼기에 충청감영은 더없이 중요한
곳이었다. 신형무기 회선포(개틀링 기관총)를 앞세운 관군·일본군
연합군의 공세에 동학농민혁명군은 '시산혈해'를 이룬 채 완패했다.
주검이 산처럼 쌓이고 피가 흘러 바다를 이룰 정도로 참혹한 패전은
들불처럼 타오르던 혁명의 불길에 찬물을 끼얹었다. 갑오년의 그날,
그 뜨거웠던 전투가 있기까지 어떤 일들이 벌어졌을까?

그들의 삶은 왜 피폐해졌는가

양란을 치른 조선은 전후 복구와 정통성 확보 등으로 한동안
어려운 시기를 보냈다. 인조반정으로 정권이 바뀌었고, 이에 대한
반발로 크고 작은 환란이 이어졌다. 이괄의 난을 피해 인조가 공주로
몽진한 것도 그와 같은 맥락이다. 하지만 그 뒤 나라는 조금씩
안정을 찾아갔고, 영조와 정조 두 임금의 시기에 새로운 활력을
찾아가고 있었다. 그러다 정조의 갑작스러운 승하로 11세의 어린
나이에 왕위에 오른 순조 때부터 외척들의 세도정치로 나라의
기강과 국가 시스템이 무너지기 시작했다. 이른바 '삼정의 문란'이
본격화되었다. '삼정'이란 국가 재정을 이루는 3가지 업무, 즉
전정田政·군정軍政·환곡還穀을 가리킨다. 전정은 토지세를 관리하는
일이고, 군정은 병역 대신 바치는 군포를 관리하는 일이다. 환곡은
춘궁기에 굶주린 농민에게 곡식을 빌려주었다가 가을에 이자를

붙여 회수하는 일을 말한다. 공정하고 정확해야 할 조세 관리가
부정부패로 얼룩지고, 백성의 배고픔을 달래겠다는 제도가 오히려
백성의 고혈을 짜냈던 것이다.

마침내 1862년, 가혹한 수탈을 견디지 못한 백성들은 삼남지방
곳곳에서 들고일어났다. 철종의 명을 받고 진주로 내려간 안핵사
박규수는 그해 5월 상소를 올려 민란의 원인과 현황을 이렇게
아뢰었다.

"난민들이 스스로 죄에 빠진 것은 반드시 까닭이 있을 것입니다.
그 까닭이라면 곧 삼정이 모두 문란한 것에 있습니다. 살을
베어내고 뼈를 깎는 것 같은 고통은 환곡이 제일 큰일입니다.
진주의 허포虛逋에 대해서는 이미 조사하여 올린 보고서에 전적으로
논하였고, 단성현丹城縣은 가구 수가 수천에 불과하지만 환곡이 9만
9,000여 석이고, 적량진赤梁鎭은 가구수가 100에 불과하지만 환곡이
10만 8,900여 석인데, 이를 보충시킬 방도는 모두 정도를 어기고
일이 처리되는 이치를 해치는 이야기입니다. 그러나 조정에서
이를 탕감하는 은전을 또 어떻게 물어오는 대로 일일이 시행할 수
있겠습니까? 단지 병폐를 받는 것은 우리 백성들뿐입니다."

이런 상황은 오래전부터 시작되어 뿌리가 깊었다. 1836년(헌종
2) 충청감영에서 올린 장계에는 "충청도 50여 개 고을이 모두 어떻게
손써볼 수 없는 상태"였고, "그중에서도 충주가 가장 심각해 전국
팔도에서 '폐읍'으로 손꼽힐 지경"이라 했다. 그 이유는 충주의 토지가

넓고 물산이 풍부해 부과된 세금이 무거웠는데, 기근과 돌림병을
심하게 겪으면서 삼정이 제대로 시행되지 않았기 때문이라는
것이다. 백성들은 고향을 등지고 떠나 마을이 텅 비어버렸는데,
남은 친족들에게 그 부담을 뒤집어씌워 온갖 방법으로 뜯어내 겨우
세곡을 채우면 그 사이에 창고에는 '새'와 '쥐'가 몰려들어 곡식을
먹어치워버렸다.

관찰사 김재삼이 처음 부임하여 고을을 돌아볼 때였다. 갑자기
백성들이 몰려와 길을 막더니 포구 주변에 잡풀만 가득한 황폐한
땅을 가리키며 이곳이 모두 1833년 이후로 세금을 내고 있는
땅이라며 호소했고, 관찰사 김재삼은 그 지역의 향리를 붙잡아
징벌했지만 끝내 그 농간을 구체적으로 밝히지 못했다고 한탄했다.

동학 교주 최제우의 억울한 죽음과 교조신원운동

이 시기 국제 정세도 서양 열강의 서세동점으로 동양의 맹주
중국이 휘청대고 있었다. 안팎으로 어려움에 처한 상황에서 1860년
최제우는 "네 몸 안에 한울님이 모셔 있다侍天主."라는 정신에 기초해
동학을 창시했다. '시천주' 정신은 인간 존중과 만민 평등사상으로
이어져 봉건적 신분 질서를 부정하는 기반이 됐다. 또한 동학의
한울님은 천주교의 하느님과 유사하지만 최제우 스스로 "도는 비록
천도지만 학은 동학이다. 내 도는 내 땅에서 받았으니 또 이 땅에서 펼
것이니, 어찌 서학이라고 부를 수 있겠는가."라며 서학과 분명한 선을
긋고 있다. 이러한 입장은 훗날 일본을 비롯한 외세의 위협 앞에서

'척양척왜'의 기치를 들고 많은 민중을
끌어들이는 배경이 되었다.

그는 '시천주조화정

영세불망만사지侍天主造化定

永世不忘,萬事知' 등의 주문을 외면서

신령스러운 부적을 태워 그 재를

물에 타서 마시면 가난에서 벗어나고

병자는 병이 씻은 듯이 낫는다고

했다. 이를 바탕으로 동학이 세를

불려가자 1864년 조선 조정은

최제우를 혹세무민의 죄를 씌워

처형했다. 최제우가 잡히기 전 제자

동학교주 최제우의 모습. (ⓒ국립중앙박물관)

최시형을 후계로 지목하고, 그가 죽자 최시형이 도통을 이어 2대
교주가 되었다. 그 뒤 최시형은 관헌의 감시를 피해 숨어지내며
안동과 울진 등에서 포교에 힘썼다. 그러다 1880년대에 접어들어
최시형이 공주의 유구, 사곡, 우성, 정안 등에서 은밀히 포교 활동을
벌이면서 호서 지방, 특히 공주에 동학 세력이 강하게 뿌리내리게
되었다.

1892년 10월, 동학의 교조신원운동이 공주에서 처음 시작된
것도 이러한 배경에서 비롯되었다. 충청도의 동학교도들은 억울하게
죽은 교조(종교 창시자) 최제우의 명예를 회복(교조신원)하고 동학의
포교를 인정해줄 것을 요구했다. 이른바 '공주취회'라고 불리는
이 모임은 동학 최초의 교조신원운동이었다. 이후 1893년부터

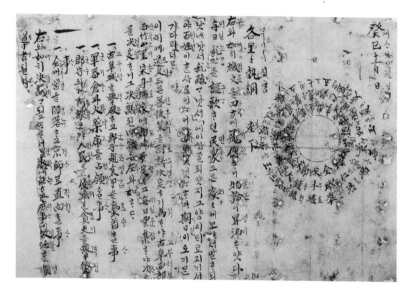

'녹두장군' 전봉준이 봉기를 일으키기 전에 봉기 사실을 알리고 동참을 요구했던 사발통문.
(ⓒ동학농민혁명기념재단)

동학도들의 교조신원운동이 본격 전개되었다. 1월에는 서울 광화문에서, 3월에는 충청도 보은에서 약 3만 명이 모여 집회를 열었다. 이들의 요구는 관의 회유와 탄압으로 그 목적을 이루지는 못했지만, 동학의 단결을 보여주는 계기가 되었다.

고부에서 오른 혁명의 불길

1894년, 마침내 조선 운명을 결정지을 갑오년이 밝았다. 이때는 이미 안으로 기둥뿌리가 썩고 허물어지기 직전인 데다 밖에서도 태풍이 몰아치고 있었다. 1894년 1월 10일(음력) 전라도 고부 군수

조병갑의 가렴주구와 횡포에 맞서 전봉준을 필두로 고부 농민봉기가 일어났다. 이때의 봉기로 번진 제1차 동학농민혁명은 주로 호남에서 불길이 타올랐다. 호남의 100여 고을에 걸쳐 관의 통제가 무너졌을 정도였다.

한편, 충청도의 동학 기세도 1893년 보은집회 이래 갈수록 커졌다. 먼저 고부에서 봉기가 일어난 뒤 2월 초 덕산에서 봉기가 일어났고, 이후 3월부터 4월까지 호서 지역 곳곳에서 깃발이 올랐다. 호남에서처럼 무력행사를 하지 않았지만, 농민들이 다투어 동학에 입교하면서 관아에서 대처하지 못할 정도로 기운이 거세졌다. 양반과 향리 등 향촌 사회의 지배층은 기존 신분 질서를 타파하려는 동학을 사교로 규정했다.

4월 27일 전주성이 동학농민혁명군의 수중에 떨어지고 호남과 호서의 동학농민혁명군의 기세가 갈수록 거세지자, 조정은 1894년 6월 1일 청에 지원을 요청했다. 이에 청나라 군사 2,800명이 아산만에 상륙했다. 1885년 청·일 사이에 맺은 톈진조약에 따라 일본도 군대를 파견해 이틀 뒤 4,500명이 제물포항으로 밀고 들어왔다.

이 소식을 들은 전봉준과 동학농민혁명군은 양호초토사 홍계훈과 다음과 같은 개혁 방안을 약속받고 전주성에서 물러났다.

① 동학교도와 정부와의 숙원을 없애고 공동으로 서정庶政에 협력할 것
② 탐관오리의 죄상을 자세히 조사 처리할 것
③ 횡포한 부호를 엄중히 처벌할 것
④ 불량한 유림과 양반을 징벌할 것

⑤ 노비문서를 불태울 것

⑥ 칠반천인七班賤人의 대우를 개선하고 백정의 머리에 쓰게 한

　평양립平壤笠을 폐지할 것

⑦ 청상과부의 재혼을 허가할 것

⑧ 무명의 잡부금을 일절 폐지할 것

⑨ 관리 채용에 있어 지벌地閥을 타파하고 인재를 등용할 것

⑩ 일본과 상통하는 자를 엄벌할 것

⑪ 공사채公私債를 막론하고 기왕의 것은 모두 면제할 것

⑫ 토지는 균등하게 분작分作하게 할 것

이 전주화약 이후 호남의 동학농민혁명군은 전라감사와 협의해
농민자치기구인 집강소를 설치해 민정을 실시했다.

한편, 전주성이 회복되자 조선 조정은 일본군에게 철병을
요구했으나, 일본군은 오히려 6월 21일 경복궁을 점령하고 조선군의
무장을 해제한 뒤 김홍집 등으로 친일 내각을 출범시켰다. 새 내각은
조선과 청나라 사이에 맺은 모든 조약을 파기하고 일본군에 청나라
군대를 몰아내도록 권한을 부여했다. 이에 일본군이 아산만 풍도
앞바다에서 청군의 군함을 격침시킨 것을 계기로 조선 땅에서
청일전쟁이 벌어졌다.

청일전쟁, 제2차 동학농민혁명과 공주

일본군이 고종을 겁박하고 조선군을 무장해제했다는 소식이

전해지자 1894년 6월 말부터 공주 인근 지역에서 다시 봉기 움직임이 일어났다. 일부 농민군은 일본군 철수를 요구하며 서울을 향하겠다는 기세를 드러냈고, 회덕과 진잠에서는 무기고를 탈취하기도 했다. 7월 3일, 공주에서 농민군 1,000여 명이 모여 '위국위민'을 외쳤고, 이인에서는 임기준의 주도하에 도회소를 설치해 돈과 곡식을 모으는 등 집강 활동을 벌였다. 이인 반송의 농민군(접주 김필수)은 "지금 외국이 내침해 종사가 매우 위급하니 군대를 일으켜 한번 토벌해 환난을 평정하고자 한다."라며 군량과 마필, 총 등을 거두었다. 8월에는 1만여 명이 모여 창과 검으로 무장하고 감영이 있는 공주 중심부로 진입했다. 농민군의 활동이 활발해지자 양반 민치준은 이인 도회소로 가서 소 한 마리와 돈 100금을 바쳤다.

9월 10일 전봉준과 김개남이 이끈 남접의 동학농민혁명군이 전라도 삼례에서 재봉기했다. 그러자 지금까지 무장 활동에 소극적이던 교주 최시형도 9월 18일 마침내 총기포령을 내렸다. 이에 곧 충청도, 경상도, 강원도 등 전국적인 척왜운동으로 번졌다. 마침내 동학농민혁명군의 제2차 봉기가 본격적으로 시작된 것이다. 앞서 고부에서 벌어진 1차 봉기가 반봉건적 성격이 강했다면, 척왜의 기치를 든 2차 봉기는 반외세의 성격이 강했다.

한편, 동학농민혁명군이 활동하는 인근 지역의 양반 중 일부는 이들을 토벌하고자 유회군을 조직해 스스로 방어 활동을 했다. 유림에서는 동학을 이단으로 규정하고 '동비' '동적'이라고 불렀다. 이러한 관점은 황현의 《매천야록》에도 그대로 드러난다. 당시 동학에 대한 유림들의 불안과 불만이 얼마나 컸을지 짐작케 하는 대목이다.

손병희의 북접군이 10월 23일 전봉준의 남접군이 집결한
논산으로 향했다. 한편 전라도의 김개남 부대는 금산을 거쳐 진잠과
회덕 일대로 올라와 청주성으로 진격했고, 손화중과 최경선의
부대는 나주 일대에 머물러 있었다. 4만 명에 이르는 대부대를
이룬 동학농민혁명군은 '호서의 요충'이자 '호남의 관문'인 공주를
공략하기로 했다. 충청감영이 자리한 공주를 장악하면 한양으로
향하는 데 전략적 거점을 확보함과 동시에 1차 봉기 때 전주성을
점거하고 중앙정부와 화약을 맺은 것처럼 협상력을 극대화할 수
있으리라 기대한 것이다. 전봉준은 충청감사 박제순에게 글을 보내
"일본이 군대를 동원해 임금을 핍박하고 국민을 어지럽게 하는 것을
어찌 참을 수 있겠는가?"라며 일본군을 함께 몰아내자고 요구했다.
2차 봉기에 즈음해서 전봉준은 "동족끼리 싸우지 말고 관과 농민군,
유생들이 힘을 합쳐 일본군과 싸우자."라는 제의를 해서 호응을
얻었다.

　　이때 동학농민혁명군은 뜻밖의 협력자를 얻는다. 동비를
토벌하겠다고 나선 공주 유생 이유상이 유회군 200여 명을 이끌고
논산에 들이닥쳤다가 협력자로 돌아선 것이다. 이유상은 "유도
수령으로 동학당을 치고자 왔으나 장군(전봉준)을 만나보니 감동되는
바 있어 협력하기로 했다."라고 말하며, 전봉준과 형제의 결의를
맺었다. 그는 부여의 민준호가 유회군을 조직해 농민군을 토벌하자고
권유하자 "왜를 토벌해 나라에 충성하자."라며 만류했고, 전봉준을
은밀히 해치려고 한 전임 여산 부사 김원식을 처단했다. 이유상은
10월 15일, 공주창의소 의장 명의로 충청감사 박제순에게 "청을

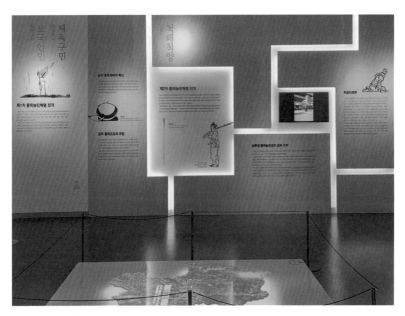

동학혁명군위령탑 근처에 세워진 우금티전적 알림터의 전시 모습. 보국안민, 제폭구민, 척양척왜 등 동학군이 내건 구호를 중심으로 당시 상황과 운동 과정을 간략히 보여주고 있다. (ⓒ메디치미디어)

막자는 것은 대의를 멸시하는 것이고, 의병을 막자는 것은 그 계책이 잘못되었으며, 일본을 막자는 것은 임진왜란 이후 누군들 이러한 마음이 없겠는가?"라고 통박하는 글을 보냈다. 공주 인근 지리를 훤히 꿰고 있던 이유상은 공주 대전투에서 선봉장으로 맹활약했다.

최후의 결전 전야, 이인전투

이 무렵 김홍집 내각은 8월 16일 평양에서 청군을 크게 이긴 일본군에 '동비'들을 진압해줄 것을 요청했다. 이에 따라 공주에서는

19세기 말 조선의 운명을 풍자적으로 묘사한 그림. 당시 요코하마에 살던 프랑스인 화가 조르주
비고가 만들던 풍자잡지 《TÔBAÉ》 창간호(1887년 2월)에 실렸다. 조선이라는 물고기를 노리는
일본과 청나라, 러시아의 모습이 담겼다.

농민군을 진압하려고 내려온 경군과 일본군이 방어선을 구축하고
있었다. 일본군은 '동학군을 모두 살육하라'는 훈령을 내리고
동학농민혁명군을 몰살하겠다는 '청야 작전'까지 마련했다. 10월
중순 한양을 출발한 일본군은 10월 24~26일 속속 공주에 도착했다.
충청감영에는 천안 세성산에서 농민군을 크게 격파한 경군과 감영의
군사, 민병 등 조선 관군이 대략 3,200명, 일본군은 1개 중대가
집결했다.

　　논산에 집결했던 동학농민혁명군은 서서히 북상해 공주
경천점에 집결했다. 그리고 전봉준이 이끄는 1만여 명의

동학농민군은 10월 23일 아침 한낮에 공주 남쪽의 이인에 이르렀다. 사람 수는 이곳을 지키고 있던 관군보다 20배나 많았지만, 훈련은 부족하고 무기는 겨우 대나무로 만든 죽창이나 들었던 그저 보통의 농민이 다수였다. 관군과 일본군이 회선포를 쏘며 공격하자 동학군은 화승총을 쏘며 반격했다. 동학군이 이인의 뒷산으로 올라가자 일본군도 따라왔고 포를 쏘며 대치했다. 이날의 치열한 싸움을 '이인전투'라고 한다. 산 정상을 차지한 농민군이 집중 사격을 가한 끝에 이인역 일대를 점령했고, 관찰사의 후퇴 명령에 관군은 공주 남쪽의 웅치 방면으로 물러갔다. 일본군과 관군은 전사자 120명, 부상자 300명을 내고 참패했다.

이인전투의 승리로 농민군의 사기는 하늘을 찌르며 바로 다음 날 공주감영의 뒷산인 봉황산을 포위하고 다른 한 부대는 효포를 공격해 또 한 번 승리를 맛보았다. 당시 이 장면을 목격한 금강의 뱃사람은 이렇게 증언했다.

"효포에 주둔해 있던 관군이 이른 새벽 달빛을 타고 강을 건너 가버렸다. 일본군 소위가 계속 말렸지만 다음에 만나자고 말하고 떠나버리니 드디어 일본군도 이른 아침 북상했다. 인심이 흉흉하고 소란이 크게 일어나서 진정시킬 수가 없는 상황이다."

조선 정부와 《관보》에서조차 "이날 밤 적군(*동학농민군)의 첩첩 화광이 수십 리를 서로 비치니 인산인해를 어찌 큰 강의 모래 숫자에 비길 것인가."라고 기록하고 있다. 그날 저녁, 관찰사에게 들어온 급보에 의하면 고마나루에 동학군이 나타나 봉황산을 공격할 예정이라 했다. 놀란 관찰사는 곧 영기를 띄워 이인에서 싸우던 관군과 일본군을 불러들였다.

10월 25일 새벽, 농민군은 다시 부대를 3개로 나누어 웅치, 능암산, 월성산에서 접전을 벌였다. 한낮이 지나도록 치열한 전투가 계속되었지만, 전날과 달리 전투의 양상은 농민군에 불리하게 돌아갔다. 일본군과 정부군이 다른 지역에서 승리하고 돌아온 부대와 합세해 강화된 탓이다. 그러나 양측은 끝내 승부를 보지 못한 채 철수했다. 이때의 《관보》를 보면, 전봉준은 붉은 비단을 씌운 홍개紅蓋를 날리며 큰 가마를 타고 있었고, 농민군은 깃발을 들고 뿔나팔을 불며 벌떼처럼 움직이고 있었다. 이 전투는 농민군에 큰 타격을 입혔다. 효포의 다리 주변에서는 쌓인 시체 더미에서 흐르는 붉은 피가 내를 이루어 흐르며 보는 이로 하여금 그날의 참상을 알게 했다. 큰 피해를 입은 농민군은 경천점까지 후퇴했으며, 다음 일전을 위해 전열을 가다듬었다.

피에 젖은 반외세의 깃발만 나부끼는 우금티전투

운명처럼 결전의 날이 다가왔다. 약 일주일간 휴식을 취한 동학농민혁명군은 전열을 재정비하고 11월 8일에 다시 공주 감영을 향해 진격했다. 관군과 일본군은 공주를 중심으로 병력을 3개로 분산해 방어 태세를 갖추었고, 농민군은 시가지의 남쪽인 판치(늘티, 계룡 봉명리)와 이인에 진을 친 후 관군을 공격해 능티와 우금티를

동학농민군이 잠시 머물렀다고 전하는 공주 이인의 검바위 옆에는 아이러니하게도 농민군을
진압했던 의병의 기념비가 세워져 있다. (ⓒ충청남도역사문화연구원)

포위할 계획을 세웠다. 공주만 차지한다면 그들이 염원하는 새
세상이 열릴 것이란 기대뿐이었다.

농민군은 판치에 집결한 정부군을 물리쳐 후퇴시킨 후 그제야
기쁨의 환호를 질렀다. 그러자 관군과 일본군이 합세한 연합군은
우금티-금학동-능티-효포-봉수대를 잇는 방어선을 구축했다.

9일 오전 10시, 동학농민군은 우금티를 향해 맹렬히
돌격하며 총공격을 개시했다. 그러나 이들은 앞으로 나아갈 수
없었다. 일본군이 우금티의 정상 부위를 차지한 지리적 이점에
군사력(화력)까지 더한 상태였다. 일본군의 회선포 앞에서
농민군은 추풍 낙엽처럼 쓰러져 우금티고개를 오르고 내리기를

우금티와 감영을 잇는 길. 화면의 가운데 오른쪽에 보이는 운동장이 현 공주사대부고로 예전에 충청감영이 있던 곳이다. 그 앞으로 흐르는 길을 따라 사진 위쪽의 산 방향으로 가면 우금티에 다다른다. (ⓒ충청남도역사문화연구원)

40~50차례나 했으나 끝내 고갯마루를 오를 수 없었다. 당시 관군의 순무선봉장이었던 이규태의 진중 기록인 《선봉진일기》에는 우금티전투의 모습이 생생하게 담겨 있다.

> "아아! 그들 비류 몇 만의 무리가 40~50리에 걸쳐 두루 둘러싸 길이 있으면 쟁탈하고 높은 봉우리를 다투어 차지했다. 동쪽에서 소리치면 서쪽에서 따르고 왼쪽에서 번쩍하다가 오른쪽에서 튀어나와 깃발을 흔들고 북을 울리면서 죽음을 무릅쓰고 올라왔다. 그 어떠한 의리이며 그 어떠한 담략인가. 그들의 행동을 말하려 하고 생각함에 뼈가 떨리고 마음이 서늘하다."

호서의 중심 충청감영 공주

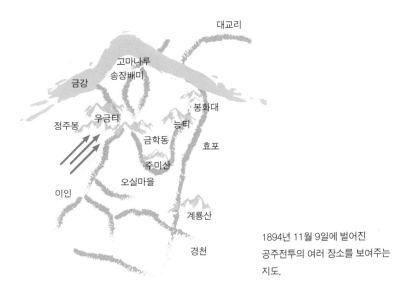

대교리

고마나루
송장배미
금강

정주봉   우금티

봉화대
능티

금학동

효포

주미산

오실마을

이인

계룡산

경천

1894년 11월 9일에 벌어진
공주전투의 여러 장소를 보여주는
지도.

이것이 동학농민군의 마지막 전투가 된 '우금티전투'다. 이들이
정부군과 일본의 연합군을 상대로 싸웠던 전투 중에 가장 큰
규모였으며, 이 전투의 패배가 동학농민혁명이 실패하게 된 원인이
되었다. 이때의 참혹했던 상황을 전봉준은 훗날 수사 기록인 '공초'에
이렇게 표현했다.

"1차 접전 후 군병 1만여 명을 점검했더니 남은 군사가 불과
3,000명이었고, 2차 접전 후 점고하니 500여 명에 불과했다."

11월 8~11일까지 매서운 추위 속에 치러진 4일간의 혈전이었다.
농민군의 시체가 산처럼 쌓였고, 남은 농민군은 기관포의 사거리
밖으로 물러날 수밖에 없었다. 이 전투에서 궤멸될 정도로 참패한

농민군은 이인·경천을 거쳐 논산까지 후퇴해 진영을 추슬렀다. 우금티전투를 끝으로 물리력으로 공주를 공략할 수 없음이 명백해졌다. 농민군은 점차 흩어졌다.

우금티전투로 운명이 갈린 박제순과 전봉준

당시 우금티전투에서 동학농민혁명군을 괴멸시킨 충청도관찰사는 훗날 을사오적의 한 사람인 박제순이다. '척왜'의 깃발을 들고 봉기한 동학농민혁명군을 도륙하는 데 앞장섰던 자가 국권을 일본에 바친 것이다. 을사늑약 이후 친일 내각의 주요 요직을 거친 그는 1910년 조선의 경찰권을 일본에 넘기고, 그해 8월 한일합병조약에 서명했다. 일본 정부로부터 자작의 작위를 받았으며, 중추원의 고문을 역임했다. 조선 귀족 일본유람단의 일원으로 일본을 유람하고 일왕의 생일연회에 참석하여 하사품을 받은 뒤 그를 칭송하는 글을 〈매일신보〉에 싣기도 했다. 1916년 6월 20일 사망할 때까지 말년을 친일 행적으로 일관했다. 그런데 모순적이게도 매국노 박제순의 관찰사 시절 공덕을 기리는 비가 공주 이인면에 세워져 있다. 당시 일제 앞잡이 권력자의 눈 밖에 나지 않으려 했던 사람들이 세운 것이리라.

한편, 동학농민혁명군을 이끌었던 전봉준은 순창 피노리에서 자신의 부하였던 김경천의 밀고로 그해 12월 2일 체포되어 서울로 압송되었다. 이듬해 3월 29일 사형을 선고받고, 그 다음 날 새벽 교수형에 처해졌다. 한 점쟁이로부터 '경천'을 조심하라고 들었던

1894년 동학혁명군을 배반하고 죽이는 데 앞장 섰던 당시 충청도관찰사 박제순은 1905년에는
을사오적의 5인 중 하나가 되었다. 농민군이 우금티로 향하던 길 도중에 있는 공주 이인면에는
박제순의 공덕을 기리는 송덕비가 아직도 남아 있다. (ⓒ충청남도역사문화연구원)

예언에 따라 진군 도중 '경천역'을 피해 경로를 틀었던 농민군의
지도자는 '김경천'의 배신으로 결국 꿈을 이루지 못하였다.

　　동학농민혁명군의 봉기와 좌절은 조선 민중의 뇌리에 새겨졌다.
이때의 일을 노래에 담은 민요가 〈파랑새〉다.

　　새야 새야 파랑새야

　　녹두밭에 앉지 마라

　　녹두꽃이 떨어지면

　　청포 장수 울고 간다.

김구 선생과 공주는 인연이 깊다. 공주 마곡사에 몸을 숨기며 승려가 되기도 했던 김구 선생은
1946년 공주를 찾아 마곡사에서 동학농민혁명의 희생자를 기리며 향나무 한 그루를 심었다. 또
공산성에서는 가장 높은 곳에 위치한 누각에 '광복루'라 이름을 붙이기도 하였다. (ⓒ공주시)

　　키가 작았던 전봉준을 녹두에 비유하여 녹두장군이라 하고,
청포 장수는 동학군을, 파랑새는 일본군을 가리킨다는 이야기가
전해지지만, 사실 여부는 알 수 없다. 그러나 최근 동학농민혁명을
다룬 드라마에 이 민요가 나오면서 시청자의 가슴에 큰 울림을
주었던 것은 분명하다.

　　한때 동학의 접주(우두머리)로 황해도에서 참전했던 김구 선생은
1946년 공주 마곡사를 방문하여 향나무 한 그루를 심어 이들의
영혼을 기렸다. 소리 없이 그날의 함성과 치열했던 싸움을 기억하고
있는 우금티에는 1973년 '동학혁명군 위령탑'을 세웠다. 우금티를

넘지 못하고 죽은 농민군의 영혼이라도 충청감영을 내려다볼 수 있도록 자리를 골랐다.

이 위령탑은 천도교 중앙총부에서 건립위원회를 조직한 뒤 박정희 대통령에게 건의하여 세워질 수 있었다. 대통령 박정희는 자신의 쿠데타를 동학농민혁명군의 혁명 전통을 계승한 것처럼 보이고 싶어했고, 훗날 이에 분개한 이들이 탑 뒤편의 비문 중 일부를 훼손한 흔적이 남아 있다. 동학농민혁명군의 최후의 격전이 있은 뒤 100년이 되던 1994년 이곳은 사적 제387호로 지정되었고, 2020년 10월 31일 우금티전적 알림터를 개관해 그때의 치열했던 전투를 오늘에 전하고 있다.

독립을 위해 목숨을 걸었던 의병들. (촬영: F.A.McKenzie, 1907년)

의를 세우고자 일어난 공주의 의병

대의를 위해 궐기한 민군, 의병

"의병은 우리 민족의 국수國粹이고 국성國性이다."

대한민국 임시정부 2대 대통령을 지냈던 민족사학자이자
독립운동가 박은식 선생은 의병을 이렇게 정의했다. 풀이하자면
나라가 위기에 처할 때마다 떨쳐 일어났던 의병은 우리 민족에 깃든
고유한 장점이요, 특별한 성품이자 생명이라는 뜻이다. 기록으로
보더라도 멀리 삼국시대부터 남북국시대, 고려와 조선시대를 지나는
동안 의병은 위기 때마다 군사를 일으켰다. 의병들은 위기로부터
나라를 구하기도 하고 때로는 뜻을 이루지 못하기도 했지만,
민족의 결기를 침략국에 과시하기에 모자람이 없었다. 이로 인해
중국과 북방 이민족의 여러 왕조와 일본의 위협과 침략에도 완전히
정복당하거나 동화되지 않았던 것이다.
　국가가 징발하고 훈련해 육성하고 이에 대한 보상을 하는
군대가 아니라 '의'를 세우기 위해 스스로 자원, 종군하는 민군,

이것이 의병이다. 우리의 오랜 의병의 역사에서 특유의 의병 정신이 정립되어, '의'를 위해서라면 승패를 따지기보다 죽음을 결심하고 과감히 전투하는 것을 의병의 본분이라 여겼다. 이로써 박은식 선생과 같은 민족사학자들은 의병 정신이 곧 한민족의 특성이라고 강조했던 것이다. 특히 한말의 의병은 우리 역사에서 가장 치열하고 숭고한 활동을 전개했으며, 국권을 상실한 이후 항일 독립군의 모태가 됐다는 점에서 큰 의의를 찾을 수 있다.

대체로 의병은 양반에서 천민에 이르기까지 구성이 폭넓다. 의병 활동 중에는 신분 차이도 거의 없었다. 하지만 의병장은 문반 출신의 전직 관원이 다수를 차지했다. 또한 관료 출신이 아니라도 자기 고장에서 덕망이 높은 유생도 다수 있었다. 민족 저항 의식을 바탕으로 한 의병을 촉발시킨 것은 의병장이었다. 의병장이 격문을 돌리면 그를 따르는 의병이 모이는 식이었다. 보통 우선적으로 혈연, 지연, 주종관계, 학통으로 깊은 관계가 있는 사람들이 모였다.

의병은 또한 유교 교육을 통해 깊게 뿌리내린 '근왕정신'에서도 그 뿌리를 찾을 수 있다. 왕조 국가에서 왕을 지키는 것이야말로 국가를 지키는 가장 기본적인 의리이기 때문이다. 그런 까닭에 의병들이 특히 외침뿐 아니라 이괄의 난이나 홍경래의 난 등 국가의 전복과 왕권을 노리는 반란군으로부터 종묘와 사직을 지키고 왕을 수호하겠다고 창의하는 경우도 있었다.

의병이 자발적으로 조직되었다고 해서 무질서했던 것은 아니다. 임진왜란 때 황해도에서 의병을 일으킨 이정암은 의병 자원자의 이름을《의병약서책義兵約誓册》에 기록하면서 자체의 군율 8가지를 명시했다.

첫째, 적진에 임해 패하여 물러가는 자는 참수한다.

둘째, 민간에 폐를 끼치는 자는 참수한다.

셋째, 주장主將의 명령을 한때라도 어기는 자는 참수한다.

넷째, 군의 기밀을 누설한 자는 참수한다.

다섯째, 처음에 약속했다가 뒤에 가서 배반하는 자는 참수한다.

여섯째, 논상할 때 적을 사살한 것을 으뜸으로 하고, 목을 베는 것을 그 다음으로 한다.

일곱째, 적의 재물을 획득한 자는 그 재물을 전부 상금으로 준다.

여덟째, 남의 공을 빼앗은 자는 비록 공이 있다 해도 상을 주지 않는다.

이러한 의병의 군율은 당시 정규군의 군기에 비해 모자라지 않았으며, 이러한 대원칙은 이후로도 줄곧 의병들 사이에서 지켜졌다.

을미사변과 단발령에 대한
제1차 의병전쟁과 공주 의병

1894년 6월 일본군은 경복궁을 무력으로 점령하고, 이듬해 1895년 명성황후를 시해했다. '을미사변'이다. 이와 함께 새로 구성된 김홍집의 친일내각은 태양력과 종두법을 실시하고 '건양'이라는 연호를 도입해 서울 시내 네 곳에 소학교를 개설하는 등 개혁을

단행했다. 특히 이때 내려진 단발령은 가뜩이나 일본과 친일내각의
전횡에 불만이 컸던 전국의 유생을 비롯한 백성을 들끓게 했다.
그로부터 10년 뒤인 1905년에는 치욕적인 '을사늑약'이 이루어져
외교권을 빼앗기고, 1907년이 되자 고종의 강제 퇴위와 군대마저
해산되었다. 마침내 1910년 한일합병조약으로 대한제국은 국권을
상실했다. 이때부터 35년 동안 일본제국주의의 식민지로 전락해
어둡고 쓰라린 '일제강점기'를 지나야 했다.

　　1895년부터 국권을 상실한 1910년까지, 일본과 친일 세력을
몰아내고 위기에 처한 왕과 조선을 구하고자 일어선 이들이 바로
구한말의 의병이다. 1894년 동학농민혁명의 흐름을 이은 이들의
외롭고 힘겨운 전쟁은 1895년 명성황후의 시해와 단발령의 시행에서
1차 촉발되었다.

　　"내 머리를 베일지언정 내 머리카락은 자를 수 없다!"

　　단발령에 대한 최익현의 이 한마디는 당시 조선 백성의 마음을
대변한다. 을미사변이 일어나고 단발령이 공포·시행되자 이에 반발해
면암 최익현은 〈청토역복의제소請討逆復衣制疏〉를 올렸고, 이를 계기로
전국에서 의병이 들불처럼 번졌다. 이른바 '을미의병'이다. 황현의
《매천야록》에는 다음과 같은 기록이 있다.

　　"공주관찰사 이종원은 금강 나루를 가로막고서 여행자들을 강제로
　　삭발해, 길에 왕래하는 사람이 거의 끊겼다. 이때부터 온 나라가 물

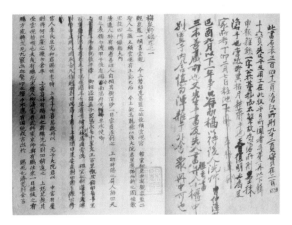

《매천야록》은 조선 말기의 시인·학자 그리고 우국지사였던 황현이 기술한 역사서다. 1864년 흥선대원군의 집정부터 1910년 국권 피탈에 이르기까지 47년간의 구한말 사건 중 황현 자신이 듣고 본 것을 기록했다. 국가등록문화재 제746호다. (©문화재청)

끓듯 하고, 의병이 사방에서 봉기했다. 서상열은 강원도에서 일어나고, 유인석은 경기도에서 일어나고, 주용규는 충청도에서 일어나고, 권세연은 안동에서 일어나고, 노응규·정한용은 진주에서 일어나니, 원근에서 호응했다. 유길준 등은 경군을 파견하여 격퇴시켰다."

을미사변과 단발령으로 촉발된 을미의병을 '제1차 의병전쟁'이라고도 부른다. 이때 호서의 중심 도시 공주도 주요 의병장을 여럿 배출했다. 우선 1895년 9월 공주부 양호소모사로 근무했던 무관 문석봉이 국모를 해친 원수를 치겠다며 유성에서 의병을 일으켰다. 이 '유성 의병'의 선봉장이었던 '김문주'가 공주 사람이다. 유성 의병은 1,000여 명의 의병으로 군세를 갖추고 회덕현을 급습하여 관아의 무기를 강탈한 후 무장했으며, 유성에서 공암을 거쳐 공주 관아를 향해 진격했다. 그러나 이미 낌새를 알고 매복해 있던 관군과 일본군에 패하고 말았다. 일제의 명성황후 시해 이후 최초로 의병을 일으킨 유성 의병은 향후 의병 활동을 전국적으로 확산시키는 데 기폭제 역할을 했다.

공주 우성면 보흥리 출신의 선비 '이상린'은 명성황후 시해와 변복령, 단발령 등 친일적 개화정책이 발표되자 전 승지 김복한을 총수로 일어난 홍주 의병에 참여했다. 1895년 12월에 홍주성을 점령하고 항쟁을 이어나갔으나, 처음에 적극 협조하기로 했던 충청도관찰사 이승우의 배신으로 모두 체포되었다. 이듬해 한양으로 압송되어 징역 3년 형을 받았지만 고종의 석방 칙령에 풀려났다. 일본의 핍박을 피해 아관파천을 한 뒤에 이뤄진 판결이었다. 《고종실록》에는 이때 고종의 발언을 이렇게 기록하고 있다.

"김복한·이설·홍건·송병직·이상린·안병찬 등은 때와 힘을 헤아리지 못하고 관리를 협박하고 백성들을 선동해서 부와 군을 소란스럽게 했으니 어찌 죄가 없다고 하겠는가? 하지만 그 뜻은 복수하자는 것이었고, 그 계책은 역적을 치려는 것이었다. …(중략)… 이는 요즘 의리를 빙자하면서 난을 일으키는 것과는 같을 수 없다. 일체의 의논을 중단하고 모두 특별히 풀어줌으로써 관대히 용서하는 뜻을 보이도록 하라."

이때 고종의 특사로 풀려난 이상린은 1905년 을사늑약이 이루어지자, 이를 무효로 할 것을 상소했다. 그리고 제자들과 만주 북간도로 넘어가 공교회를 설립했고, 3·1독립만세운동 이후 귀국하여 유교를 바탕으로 교육 계몽 활동을 이어나갔다.

1895~1896년까지 전국적으로 타올랐던 제1차 의병전쟁의 불길은 아관파천과 김홍집 친일내각의 붕괴, 단발령의 철회를 이끌어냈다. 또한 체포된 의병에 대해서는 관용을 베풀어 풀어주고 국왕이 직접 의병 활동이 가라앉도록 타이르는 훈유를 내리기도 했다. 이로써 일제의 침략 공세는 잠시 주춤했다. 하지만 대다수의 의병은 투쟁을 멈추지 않았다. 도리어 1896년 10월까지 북부 지역을 포함한 전국에서 의병 활동을 계속했다. 더욱이 의병은 그 뒤에도 활빈당 등으로 이름을 바꾸어 항쟁을 이어갔다.

을사늑약에 대한 제2차 의병전쟁과 공주 의병

역시 《매천야록》은 1906년 초의 기록에서 당시 의병의 봉기를 다음과 같이 기록하고 있다.

> "경기·강원·충청·경상 등 여러 도에서 의병이 크게 일어났다. 강제 조약 체결 이후 온 나라가 들끓어 깃발을 세우고 저마다 왜놈을 죽이자고 내세웠다."

잠시 사그라들었던 구한말 의병을 다시 역사의 무대에 끌어들인 것 역시 일본이었다. 러일전쟁에서 승리한 일본은 조선에 대한

탐욕과 압력을 노골적으로 행사하기 시작했다. 첫 번째 행보가 1905년 11월 17일 대한제국의 외교권을 빼앗고 통감부를 설치하도록 한 을사늑약이었다. 이 일로 민영환·조병세·홍만식 등 원로대신과 중신이 스스로 목숨을 끊었고, 이상철·김봉학 등 미관말직이나 군졸, 나아가 계동에 사는 인력거꾼까지 목숨을 버려 항거했다. 또한 '역적의 죄를 묻고 조약을 파기할 것을' 청하는 일로 여럿이 구금되기도 했다. 그뿐만 아니라 조약의 파기를 청하는 상소가 빗발쳤다. 급기야 전국에 걸쳐 다시 의병이 들불처럼 번져나갔다. 이때 일어난 의병을 을사의병이라 부른다.

2년 뒤 헤이그 특사 사건 이후로 통감 이토 히로부미와 그의 사주를 받은 이완용 등에 의해 한일신협약(정미 7조약)을 맺어 고종이 강제로 퇴위 당하고 군대가 해산되었다. 을사년 때보다 더한 국권의 침탈 앞에 다시 스스로 목숨을 끊는 이들이 속출하고 각지의 지사들이 목숨을 걸고 궐기했다. 이때의 의병을 정미의병이라 하고, 을사의병과 정미의병을 포함하여 제2차 의병전쟁이라고도 부른다.

이때 유생 의병장으로서 이름난 사람은 충청도 홍주의 민종식이었다. 1907년(고종 44) 7월 3일자《고종실록》에 기록된 민종식의 공초 기록에는 홍주 의병이 어떻게 활약했는지 짐작해볼 수 있다.

"아! 저 일본과 병자년(1876)에 통상한 이후로 갑신년(1884)
10월의 변고가 있었고 또 갑오년(1894) 6월의 변고가 있었습니다.
을미년(1895) 8월에는 우리 국모를 시해했고 이어 을사년(1905)

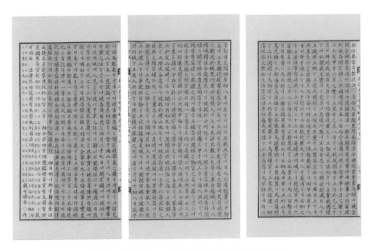
《고종실록》에 홍주 의병에 관한 내용이 언급된 대목. (©국사편찬위원회)

10월에는 우리나라 정부의 대신들과 결탁하여 우리의 황제를 위협 공갈하고 5조약을 강제로 체결해 우리의 국권을 약탈하고 우리 백성을 노예로 만들었습니다. 저는 충성과 울분이 치밀어 참을 수 없어서 일본 사람들을 쳐 없애고 5적들을 처단해 우리의 국권을 회복하고 우리의 백성을 구원하며 종묘사직을 보존해 군신 상하가 함께 태평을 누리고자 계획했습니다. 병오년(1906) 봄에 동지들을 규합해 의병을 일으켜 같은 해 4월 18일에 홍산에 모여 서천으로 들어가 총과 탄환을 취하고 남포에 들어가서도 이와 같이 했습니다. 보령을 거쳐 결성에서 자고 같은 달 26일에 홍주성을 들어가 점거하니, 총을 멘 군사는 600여 명이고 창을 든 군사가 200여 명이었으며 무기를 가지지 못한 백면서생이 300여 명이었습니다. 제가 대장이 되고 정재호·황영수·이세영은 서로 중군이 되어 박영두를

선봉으로, 정해도를 후봉으로, 채경도를 유격장으로, 최상집을
소모장으로, 박윤식을 군량관으로, 박제현·성재평을 운량관으로,
이식·곽한일·유준근·채광묵·김광우·이용규·이상구를 참모로 하고
김상덕을 군사로 하여 27일부터 윤4월 8일에 이르기까지 싸우기도
하고 지키기도 하다가 죽은 일본 사람이 10여 명 정도이고 생포했거나
총살한 자는 전후에 걸쳐 도합 4명입니다. 같은 날 한밤중에 제가
패주할 때 저희 무리들이 성 동문에서 전사한 사람이 틀림없이 몇
명 있겠지만 그 수는 자세히 모르겠습니다. 저는 단신으로 성을 넘어
결성에 들어갔으며 각지로 돌아다니며 잠복해 있다가 공주 지방에서
체포되었습니다."

민종식의 홍주 의병에 공주의 의병이 동참했는데, 이상구와
이식이 그들이다. 이상구는 을미의병에 참여했던 이상린의 아우로
이상두라고도 불린다. 1906년 봄에 일어난 2차 홍주 의병에 참모로
참전하여 일본군을 몰아내고 홍주성에 입성한 후 일본 경찰과
헌병대, 공주 진위대에서 파견한 관군 등과 맞서 싸우며 물리쳤다.
그러나 이토 히로부미가 파견한 일본군과 열흘간 치열한 전투 끝에
의병 수백 명이 전사하며 체포되었다. 이후 징역 15년 형을 받아
의병 지도부와 함께 대마도에 2년 6개월 동안 감금된 후 1909년 2월
석방되었다.
　　또한 이식은 면암 최익현의 문하에서 수학했다. 그 역시 민종식
의병에 참모로 활동했으며, 홍주성 점령 이후 성이 다시 일본군에
함락되면서 체포되어 종신징역형을 받아 대마도에 유배되었다.

1909년에 다시 돌아와 1912년 독립의군부를 조직해 전국적으로
활동했으며, 1914년에 체포되어 옥고를 치렀다.

한편, 을사늑약 이후 공주 용당에서 30여 명의 의병을 모은
노원섭은 덕유산을 근거지로 금산·진안·함양 등지에서 일본군과
맞서 싸웠다. 그는 1907년 9월, 의병 500여 명의 병력으로 금산의
일본군을 공격하여 일본군 10여 명을 살상하고 우편국과 세무서 등을
불태우기도 했다. 이듬해 1908년에 체포되어 추자도에 유배되었다가
1910년 망국 이후 소위 합방 특사로 풀려났다. 3·1독립만세운동이
일어난 1919년 전남 나주에서 대한민국 임시정부 관련 문서를
배포하고 군자금을 모으는 등 독립운동 끝에 체포되어 징역 1년 형을
받았다.

이외에도 공주 우성 출신 이사건은 고종의 강제 퇴위와 군대
해산을 계기로 공주와 청양 일대에서 의병 투쟁을 벌이다 체포되어
총살당했다. 이덕경은 30여 명의 의병을 이끌고 싸우다 붙잡혀
교수형을 당했으며, 이춘성은 부여·청양·보령·아산 등지에서 의병
투쟁과 순사주재소 습격 및 군자금을 마련하는 활동을 하다 교수형을
당했다.

정미년, 서울에서 벌인 또 하나의 저항운동

홍주 의병과 유성 의병처럼 각 지역에서 의병전쟁을 전개한
사람들이 있는가 하면, 서울 도심에서 항일 투쟁으로 애국의 길을
걸었던 공주 사람도 많았다. 사곡 호계리 출신으로 무관 선전관

벼슬을 한 심원택은 공주 출신 이존복 등과 함께 민족운동 단체인
동우회同友會를 결성해 활동했다.

그런데 같은 해 7월, 고종이 1907년 6월 네덜란드 헤이그에서
열린 만국평화회의에 비밀리에 파견한 이상설·이준·이위종이
을사늑약의 불법성을 알리며 대한제국의 주권 회복을 외친 '헤이그
특사 사건'이 일어났다. 일본은 고종황제에게 책임을 추궁하며
순종황제에게 왕위를 물려주고 퇴위할 것을 압박했다. 또한 이완용
내각이 고종황제에게 일왕을 찾아가 사죄할 것을 강요하기도 했다.

"황제께서 일본으로 가시는 것을 막아야 합니다! 우리가 할 수
있습니다. 작금의 행태를 보이는 조정 대신들 또한 나라의 적! 우리
백성들이 일어서야 할 때입니다!"

이에 동우회는 고종황제의 일본행을 막고 이완용 무리의
매국 행적을 비판하며 본격적인 항일운동을 시작했다. 심원택과
동우회의 동지들은 대한문 앞에서 수천 명의 군중을 모아 철야 규탄
집회를 벌였으며, 대한제국 말 대표적인 친일 단체 일진회의 기관지
〈국민신보國民新報〉를 습격하고 이완용과 이근택의 집을 불태웠다.
그러나 고종황제의 퇴위를 막을 수는 없었으며, 투쟁을 주도했던
심원택과 동우회의 주도자들은 10년 유배형, 동우회의 회장 윤이병은
종신 유배형을 선고받았다.

목숨을 버려 의리를 지킨 공주의 유생

병장기를 들고 항쟁한 이들 외에도 자신의 목숨을 버려 항일 정신을 알린 이도 있다. 오강표는 을사늑약이 체결되자 "임금의 신하가 되어 이러한 때에 구태여 목숨을 아끼겠는가."라며 을사오적을 토벌하는 상소문請斬調印諸賊疏을 작성했다. 그리고 상소문을 관찰사 이도재에게 보내 조정에 전달할 것을 부탁했다.

그러나 이도재가 상소문을 전달하지 않자, 공주향교의 명륜당에서 아편을 먹고 자결을 시도했다. 다행히 향교 직원에게 발견되어 자결은 막을 수 있었으나, 1910년 한일합병 소식을

공주향교의 명륜당 모습. 외삼문을 들어서면 바로 나오는 건물이다. 오강표가 목을 매 자결한 강학루 건물은 일제강점기에 철거되어 지금은 남아 있지 않다. (ⓒ메디치미디어)

공주 유생으로 한일합병에 반대해 자결한 오강표 선생의 뜻을 기리는 일은 지금도 계속되고 있다.
2003년 국가보훈처에서 선정한 '11월의 독립운동가' 포스터와(ⓒ국가보훈처 홈페이지) 2019년 6월
공주시에서 선정한 '이달의 공주 역사인물' 안내물(ⓒ공주시 홈페이지).

접하고는 자결의 뜻을 다시 굳혔다. 그는 자결에 앞서 '조선국일민-
오강표'라는 이름으로 '경고동포문警告同胞文'이라는 유서를 남겼다.
그리고 공주향교 강학루에 목을 매 순국했다.

　또한 계룡면 하대리의 유생 이학순은 김장생과 송시열의 학통을
이은 명망 있는 기호유림이었다. 그는 1910년 경술국치 이후 일본
헌병대에서 총독부의 은사금을 전하려 찾아온 것을 치욕스러워하며
자리에 누운 채 거부했다. "조선의 백성으로서 나라가 망하고 임금이
욕을 당하니 만 번 죽어 마땅하다. 원수 나라의 의롭지 못한 돈을
어찌 받겠는가?"라고 호통치며 물리쳤다. 헌병대에서 그를 체포,
구금했으나 유치장 안에서 죽기를 각오하고 모든 음식을 거부했다.
사태가 심각해지자 병보석으로 일시 석방된 기회를 노려 독약을

마시고 자결하고 말았다.

　백성의 의리를 다하기 위해 항일 투쟁에 몸을 사른 의병들을 어떻게 하나하나 열거할 수 있을까. 공주뿐만 아니라 전국적으로 들불처럼 번지며 일어섰던 의병들은 1909년에 있었던 일본군의 '남한 대토벌 작전'에서 목숨을 잃으며 희생되었다. 그 숫자만 해도 무려 1만 7,000여 명이다.

　그러나 일제의 탄압에서 독립이라는 희망의 끈을 놓지 않고 남은 세력은 만주나 연해주로 옮겨가며 본격적인 무장투쟁을 했고, 대한민국 임시정부와 각지의 독립군 조직을 통해 명맥을 이어갔다. 이들 의병의 피와 땀이 아니었다면 조선의 독립전쟁은 불가능했을 것이다. 힘없는 나라였던 조선은 열강의 힘겨루기 틈에 끼어 결국 아픈 역사를 남겼다. 그 뼈아픈 역사의 교훈을 나침반 삼아 오늘의 대한민국을 이어가고 있다.

임진왜란 최초의 승병장, 영규대사

'의병'이라 하면 가장 먼저 임진왜란을 떠올리게 된다. 1592년 개전 초기 부산 앞바다에 상륙한 왜군이 부산진과 동래를 깨고 파죽지세로 한양으로 치고 올라왔다. 일본의 기동력과 화기 앞에서 무력했던 관군이 참패를 거듭할 때, 각처에서 의병이 봉기했다. 이 무렵 계룡산의 갑사 청련암靑蓮庵에서 수도하던 승려 영규를 중심으로 수백 명의 승병이 스스로 궐기했다.

"영규라는 자가 있어 300여 명을 불러 모으고서 '우리들이 일어난 것은 조정의 명령이 있어서가 아니다. 죽음을 두려워하는 마음이 있는 자는 나의 군대에 들어오지 말라.'라고 하니, 중들이 다투어 스스로 앞장서서 모여 거의 800에 이르렀는데, 조헌과 함께 군사를 합하여 청주를 함락시킨 자가 바로 이 중이라고 합니다."

실록에 따르면 1592년 8월 26일, 선조는 이미 호성감 이주로부터 임진왜란 중 승군의 활약상을 들었다. 공주 청련암의 승려 '영규대사'는 임진왜란이 일어나자 사흘 동안 대성통곡했다고 한다. 분을 이기지 못했던 그는 스스로 떨쳐 일어나 왜군에 맞서는 최초의 승장이 되었고, 곧 전국의 승려들이 승병으로 나서는 도화선이 되었다. 또한 관군과 더불어 청주성을 수복했으며, 의병장 조헌과 연합하여 전라도로 향하는 왜군을 무찔러 저지했다. 실록에서도 그의 활약상을 찾아볼 수 있다.

"중 영규가 의기를 떨쳐 일어나 스스로 많은 중을 모아 성 밑으로 진격했는데 제일 먼저 돌진하여 마침내는 청주성을 공략했습니다. 그가 호령하는 것을 보면 바람이 이는 듯하여 그 밑에 있는 부하 중 감히 어기는 자가 없었고, 질타하는 소리에 1,000명의 중이 돌진, 여러 군사가 이들을 믿고 두려움을 떨쳐냈다고 합니다. 큰 무공만이 아름다울 뿐 아니라 사람 됨됨이와 재기도 심상치 않으니 우선 상을 주고 환속하게 하소서."

—《선조실록》 30권, 1592년(선조 25) 9월 11일

영규대사의 초상화.
(ⓒ국립중앙박물관)

"충청감사 윤선각이 장수들을 거느리고 청주를 진격하여 포위하자 적군 600명이 나와서 포를 쏘아댔습니다. 공주에 있던 승려 영규가 모집한 승군 800명을 거느리고 함성을 지르며 돌입하자 군사들이 승세를 타고 왜적 51명의 머리를 베었고, 남은 적은 밤을 틈타 도망쳤습니다."

—《선조실록》 30권, 1592년(선조 25) 9월 15일

이후 영규대사가 전투 중 목숨을 잃었다는 소식이 전해지자 조정에서는 의롭게 싸우다 전사한 이들에 대한 포상을 논의하는 과정에서 승장 영규에 대해 논의한다.

"비변사가 아뢰기를, '봉상시 첨정 조헌은 힘껏 싸우다 진중에서 죽었고 의병 승장 영규도 적들과의 싸움에 나아갔다 죽었으니 아울러 포장하여 관직을 내리소서.' 하니, 상이 따랐다."

—《선조실록》 30권, 1592년(선조 25) 10월 21일

선조는 포상의 의미로 전사한 승장 영규에게 '동지중추부사'라는 관작을 내리

고 공적을 기렸다. 그의 활약은 조선 불교계에 큰 전환점이 되었다. 전란 이후 사찰과 승려에 관한 법적 제도가 마련된 데는 불교를 향한 사회 인식의 전환이 바탕이 되었기 때문이다. 당대 유학자들의 기록 속에서도 그런 모습이 발견된다.

"대부대의 적병이 청주에 들어와 군사를 나누어 약탈과 살육을 함부로 하자 중 영규가 저희 무리를 많이 모았는데, 모두 낫을 가졌고 기율이 매우 엄하여 적을 보고 피하지 아니했습니다. 드디어 청주의 적을 격파하니 연일 서로 버티어 비록 큰 승리는 없었으나 또한 물러서지도 않았으니 적이 마침내 성을 버리고 간 것은 모두가 영규의 공입니다."

《연려실기술》에 담긴 충청감사 윤선각이 올린 장계다. 또한 그가 지은 〈문소만록〉에는 영규대사가 청주에서 승전했다는 소식에 나라에서 벼슬을 내리고 옷감을 보냈지만, 이미 전사한 뒤라 비단옷은 돌려보냈고 "그 뒤로 승병들이 곳곳에서 계속 일어났으니, 실로 영규가 불러일으킨 것이었다."라며 그를 칭송하는 내용이 담겼다. 또한 영규대사가 전장에서 보인 용맹함은 조선시대 야사집인 《대동야승大東野乘》에도 전해진다. 그 내용은 다음과 같다.

"승장 영규는 용력이 있어 잘 싸웠는데 적을 만나면 먼저 나가 싸우니, 적은 모두 우수수 쓰러졌다. 조헌이 죽었을 때 적의 포위를 뚫고 들어갔으나 조헌을 찾지 못하고 힘껏 싸우다가 죽었다."

영규대사가 공주 출신이며, 공주의 사찰에서 출가했고, 공주 목사가 그를 지목하여 불러일으켰다는 점에서 당시 공주 일대에 상주하던 승려들의 신망을 얻는 인물이었음이 분명하다. 마치 조헌의 격문에 수많은 공주 유생이 동참했던 것처럼, 영규대사를 따랐던 수백 명의 승려 중 대다수가 공주 사람이

공산성 안에 자리 잡은 영은사의 모습. (ⓒ충청남도역사문화연구원)

었을 가능성이 크다. 공산성 안에 자리한 사찰 '영은사靈隱寺'의 이름이 '영규' 의 이름에서 나왔다는 이야기가 억지라고 느껴지지 않는 이유다. 영규대사를 따라 참전하여 목숨을 잃은 이름 없는 승려들의 자취는 찾을 수 없지만, 공주 의 여러 사찰에는 그들의 호국정신이 남아 있다.

한편, 기록된 사실보다 과장된 감이 있지만, 민간에는 더욱 재미있는 전설 이 전해진다. 원래 계룡산에 있는 절에서 땔감을 해오거나 물을 긷는 종노였 던 영규가 해인사에 불이 났을 때 하룻밤 만에 달려가 불을 끄고 왔다고 한 다. 또한 일본군과 싸우다 죽은 그의 무덤가를 관리가 지나가면 말발굽이 떨 어지지 않았다거나, 한국전쟁 때에는 근처에 불이 났는데도 비각이 멀쩡했다 는 등의 이야기도 있다. 현재 그가 전사한 금산의 진락산에 묘와 영정을 모신 진영각과 비를 세워 그의 공을 기리고 있다.

이처럼 임진왜란은 이순신 장군이나 권율 장군 등 많은 관군의 활약도 있 었지만, 양반가의 선비를 비롯하여 승려나 일반 백성까지 의병으로 일어서며 힘을 보탠 것이 큰 힘이 되었다.

현재 우리 정부는 2010년부터 임진왜란 때 곽재우가 처음 의병을 일으켰 던 6월 1일을 법정 기념일인 '의병의 날'로 정해 호국 의병의 희생정신과 나라 사랑 정신을 계승하고 역사적 의의를 되새기고 있다

참고자료

- 사료

  《錦營啓錄》備邊司(朝鮮) 編, 9冊 筆寫本

  《錦營公案》李用淳 編(1803년경)

  《世宗實錄地理志》(1454)

  《新增東國輿地勝覽》(1530)

  《輿地圖書》(1759-1765)

  《忠淸道邑誌》(1725-1848)

  《公州監營邑誌》(1790-1805)

  《湖西邑誌》(1871)

  《公山誌》(1859, 1923)

  柳根,《西坰集》

  金墳,《潛谷遺稿》

  尹愭,《無名子集》

  申濡,《竹堂集》

  宋相琦,《玉吾齋集》

- 논문

  구본욱, 2020,〈경상감영의 대구 설치과정과 그 시기〉,《한국학논집》80, 계명대학교 한국학연구원

김소희, 2017, 〈공주감영 책판〉,《서지학연구》제72집, 서지학회

김수태, 2015, 〈초기 천주교회사와 공주〉,《역사와 담론》73, 호서사학회

김일환, 2011, 〈임란기 西坰 柳根의 仕宦과 지방관활동〉,《한국인물사연구》 15, 한국인물사연구회

김종혁, 2017, 〈조선후기 간선도로망 디비 구축과 10대로의 복원〉, 《한국문화역사지리학회 2017년 학술대회 자료집》

문광균, 2016. 〈조선후기 雙樹山城의 군사편제와 병력운영〉,《사학연구》 121, 한국사학회

문용시, 2014, 〈조선후기 감영 환곡연구(충청도를 중심으로)〉,《역사와 담론》 71, 호서사학회

신영우, 2015, 〈충청감사와 갑오년의 충청도 상황〉,《동학학보》34, 동학학회

이선희, 2009, 〈조선시대 8도 관찰사의 재임실태〉,《한국학논총》31, 국민대학교 한국학연구소

이해준, 2008, 〈조선시대 감영 문화사와 자원의 성격〉,《지방사와 지방문화》 11(2), 역사문화학회

이해준, 2013, 〈조선조 계룡산 중악단의 문화사적 의미〉,《역사민속학》41, 한국역사민속학회

임선빈, 2004, 〈朝鮮後期 忠淸道名의 改號와 錦營〉,《역사와 담론》37, 호서사학회

임선빈, 2008, 〈충청감영 문화유산자료 정리의 성과와 과제〉,《역사문화학회 학술대회 발표자료집》, 역사문화학회

홍제연, 2009, 〈충청감영 문화유산의 활용과 자원화 방안〉,《지방사와 지방문화》12(1), 역사문화학회

- 단행본

공주대학교, 2012,《충청감영 문화자료 아카이브 구축 연구용역》

공주시, 2012,《공주의 문화유산》

공주시불자연합회, 2020,《공산성의 빛 영은사》

국외소재문화재재단 편, 2015,《국외한국문화재 7-중국 푸단대학도서관 소장 한국문화재》, 국외소재문화재재단

김정섭, 2019,《인물로 본 공주 역사 이야기》(개정증보판), 메디치미디어

샤를르 달레 원저, 한응열·최석우 역주, 1979,《한국천주교회사》(상, 중, 하), 한국교회사연구소

윤여헌, 2019,《월당 윤여헌의 공주 이야기》, 공주문화원

윤용혁 이해준, 2020,《역사 속, 공주의 사람들》, 서경

윤용혁, 2005,《공주, 역사문화론집》, 서경

윤희진, 2006,《교과서에 나오는 한국사 인물 이야기》, 책과함께

이정철, 2013,《언제나 민생을 염려하노니-조선을 움직인 4인의 경세가들》, 역사비평사

조동길, 2000,《可畦 趙翊 先生의 '公山日記' 연구》, 국학자료원

지수걸, 1999,《한국의 근대와 공주사람들-한말 일제시기 공주의 근대도시 발달사》, 공주문화원

충남발전연구원·공주시, 2003,《충청감영 400년》

황현 저, 임경택 외 옮김, 2005,《역주 매천야록(상·하)》, 문학과지성사

황현 저, 허경진 옮김, 2006,《매천야록-지식인의 눈으로 바라본 개화와 망국의 역사》, 서해문집

- 기타

〈국가문화유산포털〉, 문화재청 http://www.heritage.go.kr/

〈디지털공주문화대전〉, 한국학중앙연구원 http://gongju.grandculture.net/gongju

〈문화원형백과〉, 한국콘텐츠진흥원 https://www.culturecontent.com/

〈승정원일기〉, 국사편찬위원회 http://sjw.history.go.kr/

〈조선왕조실록〉, 국사편찬위원회 http://sillok.history.go.kr/

〈한국고전종합DB〉, 한국고전번역원 https://db.itkc.or.kr/

〈한국민족문화대백과〉, 한국학중앙연구원 http://encykorea.aks.ac.kr/

박동진 소리, 김득수 고수, 〈판소리 완창 춘향가〉, KBS 토요국악 1988. 7. 9. 방송

호서의 중심
충청감영 공주

공주에 새겨진 조선 역사 이야기

충청남도역사문화연구원 엮음

초판 1쇄 2021년 4월 30일 발행

ISBN 979-11-5706-851-7 (04910)
        979-11-5706-849-4 (세트)

만든 사람들
기획편집   김장환
책임편집   진용주
편집도움   오현미
디자인   조주희
삽화   박들
마케팅   김성현 최재희 김규리
인쇄   한영문화사

펴낸이   김현종
펴낸곳   (주)메디치미디어
경영지원   전선정 김유라
등록일   2008년 8월 20일
          제300-2008-76호
주소   서울시 종로구 사직로 9길 22 2층
전화   02-735-3308
팩스   02-735-3309
이메일   medici@medicimedia.co.kr
페이스북   facebook.com/medicimedia
인스타그램 @medicimedia
홈페이지   www.medicimedia.co.kr